PARIS

III

ÉDIFICES CONSACRÉS AUX BEAUX-ARTS
ÉDIFICES RELIGIEUX

GRAVURES EXÉCUTÉES SOUS LA DIRECTION DE

M. CLAUDE SAUVAGEOT

par

MM. ADLER-MESNARD, BESSY, BOISSET, BROSSÉ, BURY père, CHARLES BURY, PAUL BURY, CHAPPUIS, DIGEON, DE GARRON, A. GUILLAUMOT, HIBON, HUGUET, MARTEL, E. MAURAGE, G. MAURAGE, J. MAURAGE, F. PENEL, CL. SAUVAGEOT, SELLIER, SERGENT, J. SULPIS, SOUDAIN aîné, SOUDAIN jeune.

d'après les dessins de

MM. FELIX NARJOUX, BERTOT, CHABAT, CHAINE, FAURE, GAUCRIÈR, MAGNY, MIGNAN, TOMASZKIEWICZ

ARCHITECTES :

MM.

ALDROPHE, O. ✱, architecte de la ville de Paris.
BAILLY, C. ✱, architecte, membre de l'Institut.
BALLU, C. ✱, architecte, membre de l'Institut.
BALTARD (feu), O. ✱, architecte, membre de l'Institut.
BILLON (feu), ✱, architecte de l'Assistance publique.
BOUVARD, ✱, architecte du gouvernement et de la ville de Paris.
CAILLAT (feu), ✱, architecte de la ville de Paris.
CHAT (feu), ✱, architecte de la ville de Paris.
DAVIOUD (feu), O. ✱, architecte du gouvernement et de la ville de Paris.
DIET, O. ✱, architecte de l'Assistance publique.
DUBOIS, architecte.
GINAIN, ✱, architecte, membre de l'Institut.
GODEBŒUF (feu), ✱, architecte du gouvernement et de la ville de Paris.
HERET, architecte.
JANVIER (feu), ✱, architecte de la ville de Paris.

MM.

LAVEZZARI, ✱, architecte de l'Assistance publique.
LEBOUTEUX, architecte de la ville de Paris.
LHEUREUX, architecte de la ville de Paris.
MAGNE, O. ✱, architecte de la ville de Paris.
MARÉCHAL, architecte de la ville de Paris.
MÉRINDOL (DE), ✱, architecte du gouvernement.
NARJOUX (FÉLIX), ✱, architecte du gouvernement et de la ville de Paris.
QUESTEL C. ✱, architecte, membre de l'Institut.
ROGER, ✱, architecte de la ville de Paris.
SALLERON, architecte du gouvernement et de la ville de Paris.
SOUDÉE, architecte inspecteur des travaux de la ville de Paris.
TRAIN, ✱, architecte du gouvernement et de la ville de Paris.
UCHARD, ✱, architecte de la ville de Paris.
VARCOLLIER, architecte de la ville de Paris.
VAUDREMER, O. ✱, architecte, membre de l'Institut.

PARIS

MONUMENTS ÉLEVÉS PAR LA VILLE

1850-1880

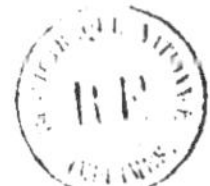

OUVRAGE PUBLIÉ

SOUS LE PATRONAGE DE LA VILLE DE PARIS

PAR

FÉLIX NARJOUX

Architecte de la ville de Paris

TROISIÈME VOLUME

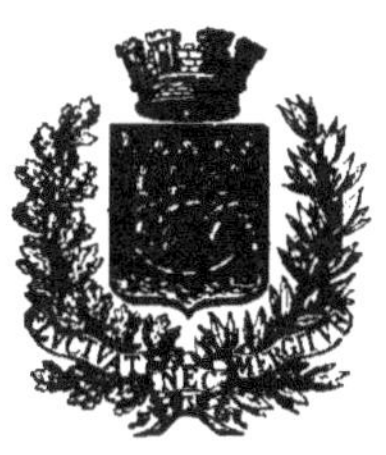

PARIS

Vve A. MOREL ET Cie, LIBRAIRES-ÉDITEURS

13 RUE BONAPARTE

—

1883

PARIS

ÉDIFICES CONSACRÉS AUX BEAUX-ARTS

GRAVURES EXÉCUTÉES SOUS LA DIRECTION DE

M. CLAUDE SAUVAGEOT

d'après les dessins de

MM. FÉLIX NARJOUX, FAURE, GAUDRIER, MIGNAN, BOUVARD, DAVIOUD et MAGNE

PARIS

MONUMENTS ÉLEVÉS PAR LA VILLE

1850-1880

OUVRAGE PUBLIÉ

SOUS LE PATRONAGE DE LA VILLE DE PARIS

PAR

FÉLIX NARJOUX

Architecte de la ville de Paris

ÉDIFICES CONSACRÉS AUX BEAUX-ARTS

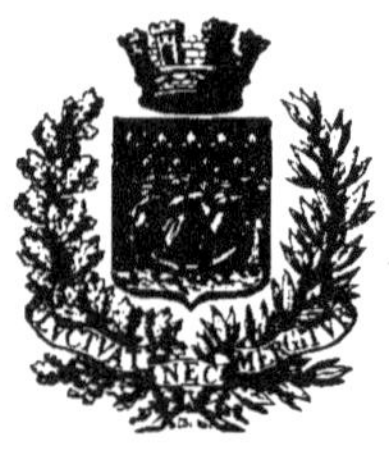

PARIS

Vve A. MOREL ET Cie, LIBRAIRES-ÉDITEURS

13, RUE BONAPARTE

1883

ÉDIFICES
CONSACRÉS AUX BEAUX-ARTS

THÉATRES ET MUSÉES

THÉATRES

CONSIDÉRATIONS GÉNÉRALES

Le percement de voies nouvelles à travers certains quartiers de Paris a parfois eu pour conséquence de déplacer des industries privées, si intimement liées à l'intérêt général que l'administration a dû se préoccuper de la façon dont elles pourraient se réinstaller.

L'ouverture des boulevards Voltaire et Sébastopol, le percement de la rue du Quatre-Septembre, sont des opérations de cette nature. Elles amenèrent la suppression de plusieurs théâtres et l'administration dut intervenir afin d'assurer leur reconstruction suivant les conditions qu'elle jugeait utile d'imposer.

Le déplacement des théâtres du boulevard du Temple causait une complète perturbation dans les habitudes d'un certain nombre de Parisiens, accoutumés à trouver chaque soir, au même endroit, un lieu de plaisir. C'était cette réunion de théâtres, dont le répertoire comprenait parfois les drames les plus noirs, qui avait fait donner au boulevard du Temple le nom de « boulevard du crime ».

Quand la reconstruction de cette partie de Paris eut été décidée, on songea à créer, sur un autre point de la ville, un centre de plaisirs et de distractions; mais une première difficulté se présenta : ce fut la protestation des quartiers excentriques, populeux, qui avaient bien accepté comme un fait acquis le monopole dont jouissait le boulevard du Temple, mais qui réclamèrent énergiquement une part dans la répartition des nouveaux théâtres, quand il fallut les changer d'emplacement.

C'était soulever là une question plus compliquée qu'on ne l'avait cru d'abord, car elle touchait directement à la prospérité, à l'existence même des exploitations théâtrales. Les directeurs demandaient à rester les uns près des autres, afin de profiter de l'excédent de spectateurs amenés par le succès des voisins; les éloigner, les séparer exposait leur industrie à une ruine certaine, disaient-ils.

Il fallait donc grouper les nouveaux théâtres. Ce principe une fois admis, on ne trouva moyen d'y répondre qu'en déplaçant le centre actuel et en le transportant sur les bords de la Seine, à l'extrémité du boulevard Sébastopol qu'on était en train d'ouvrir.

Deux théâtres, destinés à remplacer l'ancien Cirque et le Théâtre-Historique, devaient être élevés sur la place du Châtelet, deux autres en bordure du boulevard du Palais, en face du palais de Justice, emplacement singulièrement choisi, il faut le reconnaître; un cinquième, complétant ce groupe principal, devait se trouver sur le square des Arts-et-Métiers et remplacer la Gaîté. Quant au Vaudeville, il ne pouvait être question de l'éloigner de sa clientèle ordinaire; il dut cependant quitter la place de la Bourse, mais pour se retrouver sur le boulevard des Capucines.

Les deux théâtres du boulevard du Palais restèrent toujours à l'état de projet; l'emplacement qui leur était destiné a été aliéné en 1871 : il est actuellement occupé par des maisons à loyer.

La construction de tous ces théâtres, décidée en principe, ne put se faire simultanément; elle fut divisée en plusieurs opérations échelonnées les unes après les autres. On commença par le théâtre du Châtelet.

Ces théâtres devaient être construits rapidement, afin de permettre aux directeurs de quitter les salles qu'ils occupaient sur le boulevard du Temple. Ils ne voulaient, en effet, abandonner les anciennes salles que pour s'installer dans les nouvelles, de façon à ne subir aucune interruption dans le cours de leurs exploitations. Cette combinaison, profitable aux intérêts des directeurs, ne l'était pas moins à ceux de la Ville, dispensée ainsi du payement d'indemnités considérables.

Une autre question très importante fut également décidée à l'occasion de la construction des nouveaux théâtres. On résolut de ne pas en faire des monuments isolés, mais, au contraire, de les entourer de maisons de rapport louées à des particuliers, avec boutiques au rez-de-chaussée et logements aux étages. Cette combinaison a l'inconvénient de masquer les faces extérieures des édifices et, par conséquent, de nuire à leur aspect, de leur enlever leur caractère monumental; mais elle offre, en revanche, des avantages bien propres à frapper les administrateurs et les habitants d'une grande ville.

Rien de triste, en effet, comme les abords d'un monument public : le jour, c'est la solitude; la nuit, c'est l'obscurité; quand un monument, une église, par exemple, se trouve dans un quartier riche, populeux, son voisinage est une cause de dépréciation considérable pour les propriétés voisines. Isoler les nouveaux théâtres, c'était donc, étant donnés les emplacements proposés, créer au centre de Paris, sur les bords de la Seine, un quartier sans animation, sans industrie, sans autre mouvement que celui causé par les spectateurs, aux heures d'ouverture ou de fermeture des théâtres. Quand on remarque qu'en face, de l'autre côté de la Seine, se trouvent déjà le palais de Justice, le Tribunal de commerce, l'Hôtel-Dieu, Notre-Dame, les casernes de la Cité, on voit que l'isolement des nouveaux théâtres eût constitué, au milieu de Paris, un quartier triste et solitaire pendant le jour, et, une fois la nuit venue, complètement désert aux moments de relâche ou de clôture. Les abords de l'Opéra, de l'ancien théâtre des Italiens et de l'Odéon montrent ce qu'est une situation de ce genre.

Entourer les théâtres de galeries sous lesquelles sont installées des boutiques, comme l'Odéon, le théâtre de Lyon, par exemple, constituait une demi-mesure, ne donnant satisfaction à aucun des intérêts engagés. On sait, en effet, par l'expérience de la rue de Rivoli, que chez nous les magasins ouverts sous des arcades sont peu en faveur et toujours occupés par des industries de second ordre.

Il convient d'ajouter, pour épuiser cette question, que les grands théâtres modernes des principales villes d'Europe : Berlin, Vienne, Dresde, Leipzig, Hanovre, Copenhague, Prague, Francfort, sont isolés sur toutes leurs faces, tandis qu'à Paris et à Londres ils sont toujours rattachés aux constructions voisines.

Il fut donc décidé que tous les théâtres municipaux, dont la Ville entreprenait les constructions, seraient entourés de maisons à loyer restant propriétés de la Ville, laquelle en pourrait profiter au mieux de ses intérêts.

Cette condition créait aux architectes une difficulté d'un genre particulier, difficulté prévue et indiquée dans le programme.

Ce programme était d'une concision et d'une simplicité sans égale; il n'était même pas écrit et se bornait aux recommandations suivantes, rappelées par le préfet alors à la tête de l'administration (M. le baron Haussmann) :

« Faire des nouveaux théâtres des monuments dignes de la capitale de la France, les construire « solidement et les décorer richement, y créer des accès larges et faciles, des salles vastes, bien éclairées, « bien aérées, pour que le public y circule aisément, y séjourne commodément, enfin mettre à profit tous les « progrès des industries modernes et rendre ces théâtres attrayants et confortables. »

Les nouveaux théâtres municipaux comprennent les deux théâtres de la place du Châtelet, le théâtre du Vaudeville et le théâtre de la Gaîté. Les théâtres de la place du Châtelet (fig. 1 et 2) occupent les deux côtés de la place du Châtelet, en face du pont au Change. Au milieu de la place s'élève la fontaine du

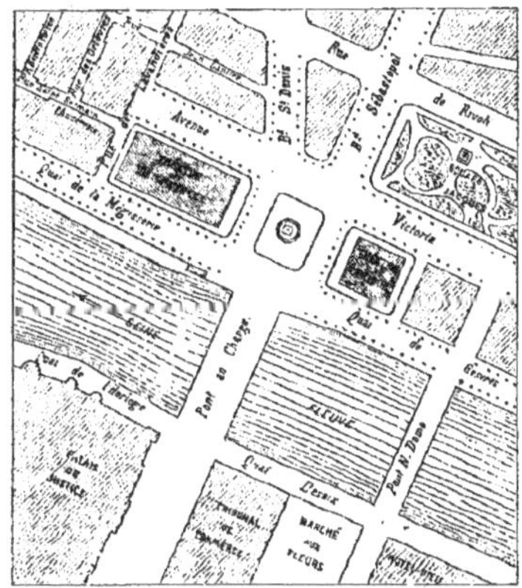

Fig. 1. — Plan de l'emplacement du Théâtre-Lyrique et du théâtre du Châtelet

Palmier, déplacée à cette époque pour être mise exactement dans l'axe du pont. Le théâtre de la Gaîté s'élève en bordure du square des Arts-et-Métiers, sur le boulevard de Sébastopol, et, enfin, le théâtre du Vaudeville occupe l'angle du boulevard des Capucines et de la Chaussée-d'Antin.

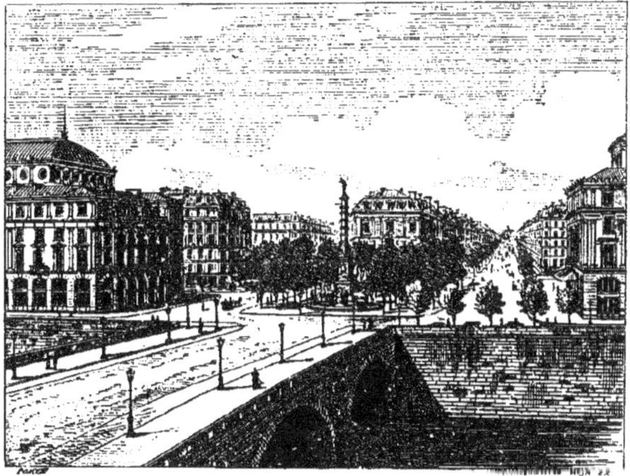

Fig. 2. — Vue générale du Théâtre-Lyrique et du théâtre du Châtelet.

THÉATRE DU CHATELET

DAVIOUD, O. *, ARCHITECTE

Pl. I à IV.

Le théâtre du Châtelet occupe un rectangle d'une surface de 3,364 mètres, limité par le quai de la Mégisserie, la place du Châtelet, l'avenue Victoria et la rue des Lavandières.

Les travaux, commencés dans les premiers mois de 1860, ont été terminés en avril 1862, mais les appareils d'éclairage ne purent régulièrement fonctionner que le 16 juin suivant; la réception définitive eut lieu le 28 juillet, et la première représentation fut donnée le 19 août (on joua une féerie intitulée *Rothomago*).

L'achèvement total des travaux avait donc exigé vingt-six mois.

ENTRÉES — VESTIBULES — GALERIES — ESCALIERS

Le théâtre du Châtelet est un théâtre destiné à recevoir un très nombreux public, condition spéciale

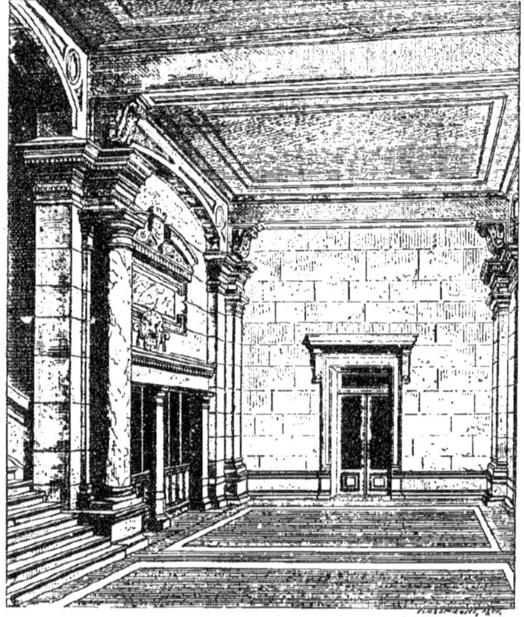

Fig. 1. — Vue du vestibule (théâtre du Châtelet).

dont il a fallu tenir grand compte dans la disposition des entrées, escaliers et passages; en pareil cas, en effet, la facilité des communications entre l'intérieur et l'extérieur, comme entre les diverses parties du théâtre, a une importance extrême.

La pénible obligation imposée au public, arrivé avant l'ouverture des portes, d'attendre au froid et à la pluie, comme il est obligé de le faire dans la plupart des théâtres, est, sinon supprimée, du moins atténuée au théâtre du Châtelet. Les « queues » se forment à droite et à gauche sous le grand porche clos (fig. 1).

Les personnes munies de billets pris à l'avance passent par la porte du centre. De chaque côté du vestibule sont les bureaux de distribution des billets. Le contrôle est au milieu. Les escaliers des loges, ceux des galeries supérieures sont doubles et se développent sur les deux faces latérales. Les spectateurs des places à bas prix ont en outre des passages distincts ouverts sur le quai et l'avenue. Il existait aussi, dans le principe, un passage souterrain ouvert dans l'avenue Victoria et aboutissant auprès du contrôle; il a été supprimé. Cet ensemble de dispositions assure à la foule toutes facilités pour arriver aux différentes places et toute sécurité pour promptement évacuer les locaux.

Les galeries qui pourtournent la salle ont à chaque étage une surface assez grande pour recevoir tous les spectateurs placés à cet étage. (On admet qu'une personne pressée dans la foule n'occupe que vingt centimètres superficiels environ.) C'est là une condition bien souvent difficile à remplir, mais qui est cependant indispensable dans un théâtre recevant un aussi grand nombre de spectateurs que le théâtre du Châtelet.

LA SALLE

La salle peut contenir 3,600 places environ. Les dispositions prises pour trouver un aussi grand nombre

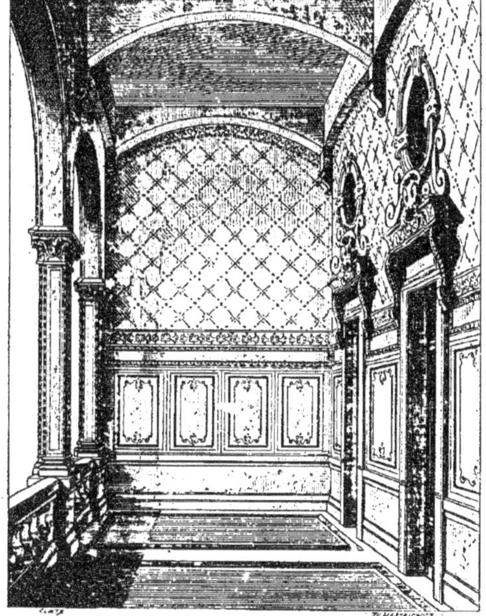

Fig. 2. — Loge ouverte du premier étage (théâtre du Châtelet).

de places et assurer en même temps à tous les spectateurs la vue de la scène pourront être résumées ainsi :

Largement ouvrir la scène ;

Donner à la salle une largeur égale à l'ouverture de la scène ;

Adopter pour la salle la forme demi-circulaire préférable en pareil cas à la forme du fer à cheval ;

Supprimer les avant-scènes qui auraient gêné la vue ;

Établir dans la galerie supérieure un grand amphithéâtre très incliné, dont les derniers gradins empiètent sur la largeur des couloirs ;

Donner une grande importance au balcon en saillie sur le devant des loges.

La moyenne de la place occupée par chaque spectateur est de 0m,50 de longueur, sur 0m,84 de profondeur.

Le plafond est de forme circulaire ; il est décoré de génies symboliques encadrés dans des médaillons (M. Cambon, peintre décorateur).

Un cône très aplati en verre dépoli occupe le centre de ce plafond ; en arrière, brûlent les becs de gaz servant à l'éclairage de la salle.

Le foyer du public forme une dépendance de la salle ; il est placé au premier étage. Sur un des longs côtés de ce foyer est un grand vestibule, sorte d'avant-foyer ; sur l'autre est une loge ouverte sous laquelle on peut fumer, et qui, pendant les représentations d'été, est un lieu de promenade très recherché (fig. 2).

LA SCÈNE

La scène a 12 mètres d'ouverture.

La hauteur du gril au-dessus du plancher de la scène est de 22m,50.

La profondeur du dessous varie de 7 à 8 mètres, suivant le point où elle est mesurée par rapport à l'inclinaison du plancher.

La hauteur des premier et deuxième dessous est de 2 mètres au point le plus bas ; elle va en augmentant jusqu'au fond de la scène.

Le premier dessous est réservé aux chariots, le second dessous aux treuils des contrepoids servant aux manœuvres opérées dans les dessous. Le troisième dessous reçoit les tambours de manœuvres des grandes décorations, le grand tambour des changements à vue et les chariots à mouvement.

Le voisinage de la Seine a empêché de prendre, en contre-bas du sol, la hauteur nécessaire à l'emplacement des dessous ; il a donc fallu la prendre au-dessus du sol et pour cela exhausser d'autant la scène dont les combles apparaissent au-dessus des bâtiments qui l'environnent.

La largeur totale de la scène est de 23m,50.

La profondeur totale jusqu'au plan du fond est de 22m,50. Cette profondeur peut, lorsque certaines pièces l'exigent, être augmentée de la largeur de la cour intérieure et de celle de la salle placée à la suite. Ces dimensions permettent les représentations de féeries, de pièces militaires qui exigent un grand déploiement de décors et le concours de nombreux figurants.

La hauteur de l'ouverture est de 15 mètres.

Le plancher comprend huit plans composés chacun de trois coulisses ; il présente une inclinaison de 0m,04 par mètre.

Un plan incliné sert à l'ascension des chevaux, dont les écuries sont placées au fond, au rez-de-chaussée.

Le passage des décors s'opère par les ouvertures ménagées, à cet effet, rue des Lavandières.

La machinerie est établie d'après les systèmes généralement adoptés et n'offre aucune disposition particulière.

SERVICES INTÉRIEURS

Les services intérieurs, que ne peut suffisamment indiquer le plan, sont répartis dans les divers étages de la manière suivante :

Sous-sol. — Appareils de chauffage — réservoirs — pompes — dépôts de combustibles.

Rez-de-chaussée. — Privés — poste de pompiers — bureaux de police.
Entresol. — Administration — cabinets du secrétaire et du directeur — caisse — bureaux d'employés.
1er *Étage.* — Dépôt d'accessoires — foyer des artistes — loges des premiers sujets.
2e *Étage.* — Dépôt des costumes — ateliers & magasins.
Combles. — Loges d'artistes — danseurs — choristes et figurants.

ASPECT GÉNÉRAL

Il ne faut pas juger le théâtre du Châtelet sur ses façades latérales, qui forcément ont le caractère de

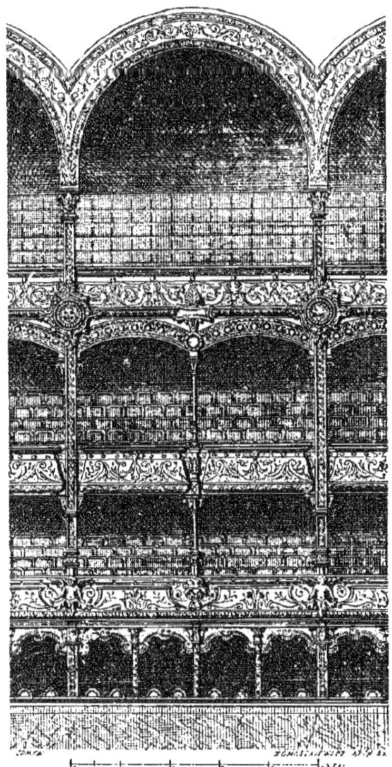

Fig. 3. — Une des travées de la salle (théâtre du Châtelet).

maisons à loyer. La façade sur la place, l'intérieur de la salle donnent à l'œuvre son véritable caractère, celui d'une puissante originalité. La construction nettement accusée, la proportion des grands arcs largement ouverts (fig. 3), les dimensions très réduites laissées aux points d'appui impriment à la salle l'aspect qui lui est propre, celui d'un grand théâtre populaire dans lequel tous les spectateurs, commodément assis, peuvent jouir de la vue de la salle et de la scène.

Le parti général de la décoration est simple, sans effets de dorure. Les fonds rouges, relevés par des points et des lignes de couleur, donnent à l'ensemble une grande animation et un vif éclat.

Les figures qui décorent la façade sont de MM. Aizelin (la Danse), Chatrousse (la Comédie), Chevalier (la Musique), Robert (la Danse) et Girard (Iphigénie placée dans le vestibule).

DÉPENSES

La dépense totale s'est élevée au chiffre de 3,370,282 francs.

Le prix du mètre carré de surface couverte se trouve ainsi avoir coûté 1,207 fr. 20.

THÉATRE-LYRIQUE[1]

DAVIOUD, O. ✱, ARCHITECTE

Pl. I à IV.

Le Théâtre-Lyrique occupe un rectangle d'une surface de 1,800 mètres environ, limité par la place du Châtelet, le quai de la Mégisserie, la rue Adam et l'avenue Victoria.

Les travaux, commencés dans les premiers mois de 1860, furent achevés en avril 1862; la réception définitive eut lieu le 28 juillet et la première représentation le 30 octobre suivant. (On joua l'opéra *la Chatte merveilleuse.*)

L'achèvement total des travaux avait, comme pour le théâtre du Châtelet, exigé vingt-six mois.

ENTRÉES — VESTIBULE — GALERIES — ESCALIERS

L'emplacement sur lequel s'élève le Théâtre-Lyrique était insuffisant comme profondeur. Il a donc fallu réduire le plus possible ses dimensions dans ce sens et supprimer tout d'abord le porche couvert qui précède le théâtre du Châtelet. Ce porche est remplacé par une marquise vitrée recouvrant le trottoir. Cette marquise ne constitue pas un abri; elle ne protège les gens descendant de voiture ou ceux attendant le moment d'entrer, ni contre le froid ni contre le vent. Dans un théâtre de luxe tel que le Théâtre-Lyrique, un passage clos et couvert sous lequel pénètrent les voitures est chose indispensable : les grands théâtres du Nord en sont tous pourvus et le ciel de Paris n'est pas assez clément pour les rendre inutiles.

De la marquise les spectateurs des premières places passent par la porte centrale, ceux des autres places par les deux portes latérales. Les deux courants du public sont ainsi divisés par catégories et se rejoignent devant le contrôle, placé dans l'axe du vestibule.

Les escaliers ne s'aperçoivent pas dès l'entrée, mais ils sont indiqués à leur point de départ dans le vestibule (fig. 1). Ces escaliers ont des paliers indépendants des couloirs auxquels ils aboutissent; le public n'a donc pas besoin de passer sur les couloirs d'un étage pour se rendre à l'étage supérieur. On peut ainsi diriger les spectateurs et, suivant les besoins, isoler tout un étage.

Les corridors du premier étage ont été élargis aux dépens des salons des baignoires, supprimés après l'incendie de 1871.

1. Le Théâtre-Lyrique a, depuis l'époque de son achèvement, bien des fois changé de genre et de nom. Aussi, dans l'incertitude où nous sommes de savoir sous quel nom il sera désigné demain, avons-nous cru devoir lui conserver celui de Théâtre-Lyrique qu'il avait à l'origine et sous lequel il est connu du public.

C'est au premier étage seulement que se dessine la forme courbe de la salle et, au troisième, elle s'élargit aux dépens des couloirs.

Au quatrième, il existe, en avant de l'amphithéâtre, un couloir longitudinal qui le dessert. Ce couloir n'existe que depuis 1871; avant, on arrivait directement des couloirs dans l'amphithéâtre au moyen de quatre passages latéraux.

Les grands escaliers s'arrêtent au troisième étage.

Une entrée spéciale pour le chef de l'État est percée dans la façade de l'avenue Victoria.

La surface occupée aux différents étages par les couloirs et dégagements est de 900 mètres, celle des

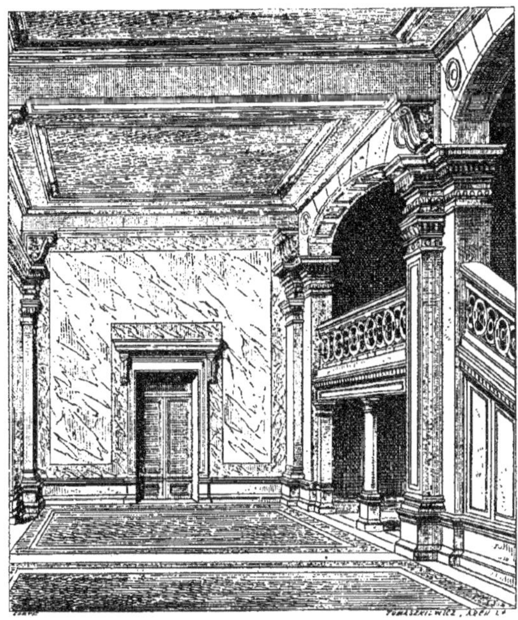

Fig. 1. — Vestibule (Théâtre-Lyrique).

escaliers de 570 mètres environ. Le nombre des spectateurs ne s'élevant qu'à 1,500, le théâtre se trouve donc dans les conditions les plus favorables pour assurer le stationnement, la circulation du public et la prompte évacuation des locaux.

Le Théâtre-Lyrique est un théâtre de luxe : il offre des conditions préférables à celles du théâtre du Châtelet au point de vue de la circulation et des mouvements du public; mais, dans les deux théâtres, les mêmes précautions sont prises pour assurer la sécurité des spectateurs.

LA SALLE

Les dispositions les plus favorables à l'acoustique, pour une salle de théâtre destinée à des auditions musicales, sont celles qui rétrécissent la salle du côté de la scène et l'élargissent à son extrémité.

Ces conditions ont déterminé la forme de la salle du Théâtre-Lyrique. Elle est reliée à la scène au moyen d'une profonde arrière-voussure sous laquelle se trouvent les loges d'avant-scène destinées au chef de l'État et au préfet (fig. 2).

La courbe intérieure de la salle n'est pas géométrique, mais elle résulte d'un tracé fait « de sentiment », suivant l'expression consacrée. Sa courbe extérieure sur la galerie est régulière et forme deux arcs de cercle

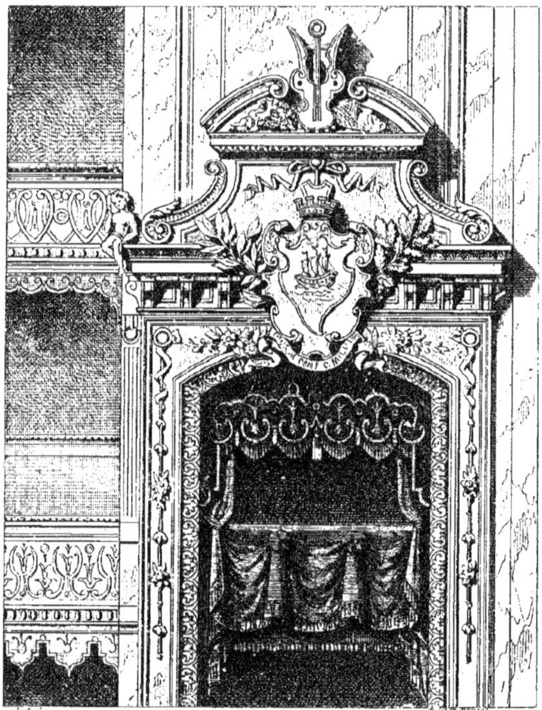

Fig. 2. — Loges d'avant-scène (Théâtre-Lyrique).

qui, pénétrant dans les angles des murs, circonscrivent la salle. Ces arcs de cercle sont réunis par des lignes droites parallèles à ces mêmes murs.

La longueur totale de la salle est de 20m,50. La profondeur jusqu'au fond des loges est de 19m,30.

La plus grande largeur entre les appuis des balcons est de 12m,50.

La hauteur, depuis le plancher de l'orchestre jusqu'à la corniche de couronnement, est de 17m,02.

Le balcon a peu de saillie et compte seulement deux rangs de fauteuils.

Les loges du premier étage sont toutes précédées d'un salon.

La loge officielle est accompagnée d'un salon, d'un vestibule et est desservie par un escalier spécial.

La salle contient 1,800 places. La moyenne de la dimension de chaque place est de 0m,52 en longueur et de 0m,76 en profondeur.

Le parti général se compose de grands arcs montant du fond et reposant sur des colonnettes; au-dessus des arcs prend naissance la coupole remplaçant le plafond.

Le plafond, œuvre de M. T. Maillot, représente une grande composition allégorique (le Génie de la musique, entouré d'Apollon et des neuf Muses, découvrant la Beauté).

Le foyer forme une annexe de la salle; il s'étend au-dessus du vestibule du rez-de-chaussée. Sa décoration est très simple. Les grandes baies percées dans le mur, faisant face aux fenêtres, sont divisées dans leur hauteur par des balcons placés au niveau du plancher de la deuxième galerie.

LA SCÈNE

Le Théâtre-Lyrique n'était pas appelé à donner des représentations exigeant un déploiement de décors aussi important et un nombre de personnages aussi considérable que le théâtre du Châtelet. Les dimensions des deux scènes sont donc très différentes et beaucoup plus restreintes dans le second théâtre que dans le premier.

L'ouverture de la scène est de 11,^{m}50, la profondeur de 14,^{m}25; la largeur intérieure de 22,^{m}50; la hauteur du gril, mesurée au-dessus du plancher, de 22 mètres; la hauteur totale des dessous, de 7^{m},50 à 8 mètres. Les autres dimensions se rapprochent sensiblement de celles du Châtelet et n'ont pas besoin d'être signalées. Il en est de même de la machinerie.

Un corridor transversal, réservé au fond de la scène, relie les deux parties latérales; des ponts volants rattachent l'un à l'autre les corridors opposés des différents étages. Le cintre est, en outre, desservi par des escaliers en spirales atteignant la hauteur du gril.

L'inclinaison du plancher est de 0^{m},04 par mètre. Ce plancher ne comprend que quatre plans triples et deux plans doubles. Les autres dispositions des décors sont analogues à celles du Châtelet.

SERVICES INTÉRIEURS

Les divers services intérieurs sont installés de la manière suivante :

Sous-sol. — Réservoirs, pompe à incendie, dépôts de combustibles, magasins, privés et urinoirs.

Rez-de-chaussée. — Foyer des musiciens (10,^{m}30 de surface), poste des pompiers, magasin d'accessoires (le magasin de décors est, faute de place, installé dans un bâtiment séparé du théâtre, le dessous ne renfermant que les décors des pièces du répertoire courant).

Entresol. — Foyer des artistes, salles de répétitions, cabinet du régisseur, dépôt d'accessoires.

1er Étage. — Salle de répétition des chœurs, secrétariat, caisse, entrée spéciale des artistes.

Étage supérieur. — Loges d'artistes, salle de répétition des sujets de la danse, bibliothèque.

Combles. — Salle des choristes, magasin de costumes, foyer des danseuses, atelier de coutures.

Le manque de surface est cause d'un fâcheux mélange entre tous ces services.

ASPECT GÉNÉRAL

Le Théâtre-Lyrique est, à l'extérieur comme à l'intérieur, d'un aspect plus fini, plus riche, d'un goût plus relevé que celui du théâtre du Châtelet. Sa décoration est également différente : la salle du Théâtre-Lyrique est luxueuse, comparée à celle du Châtelet; les tentures, les dorures, sont à leur place dans un théâtre appelé à recevoir de riches spectateurs.

Les statues de la façade sont de MM. Robert (2 médaillons), Eude (la musique) et Captier (la poésie).

DÉPENSES

La dépense totale s'est élevée au chiffre de 2,058,570 fr. 60. Le prix du mètre carré de surface occupée revient donc à 964 fr. 46.

THÉATRE DE LA GAITÉ[1]

CUSIN, ARCHITECTE

Pl. I à IV.

Le théâtre de la Gaité s'élève en bordure du square des Arts-et-Métiers (fig. 1) sur une longueur de

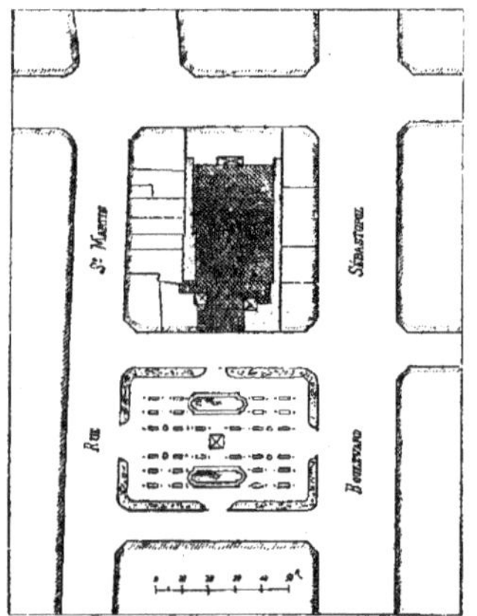

Fig. 1. — Plan général du théâtre de la Gaîté et de ses abords.

façade de 18 mètres, et de 44 mètres, en comprenant les maisons qui en dépendent. Il occupe une surface d'environ 2,880 mètres.

Les travaux ont commencé en juin 1861; le théâtre a été inauguré le 3 septembre 1862. L'achèvement complet de l'entreprise n'a donc exigé que quinze mois.

ENTRÉES — VESTIBULES — GALERIES — ESCALIERS

L'entrée principale a lieu sur le square par cinq grandes ouvertures; l'une, celle de l'extrémité à gauche, donne passage aux voitures qui, en suivant un long couloir pratiqué sur le flanc du théâtre, peuvent sortir par la rue de Réaumur. Ce passage sert également d'entrée réservée au chef de l'État.

Les quatre autres grandes baies s'ouvrent sur le vestibule (fig. 2), dans lequel se développent les escaliers montant aux loges et galeries. Une troisième entrée pratiquée à travers les maisons de droite dessert exclusivement les étages supérieurs.

Un chemin de ronde, ou plutôt deux passages longitudinaux allant du square à la rue de Réaumur, isolent le théâtre des constructions voisines.

1. Le théâtre de la Gaîté a été fondé, en 1759, sur le boulevard, par le célèbre Nicolet, directeur d'une troupe d'acrobates. Ce théâtre prit, en 1792, le nom de théâtre de la Gaîté, nom sous lequel il est connu encore aujourd'hui, bien que son genre primitif ait été l'objet de nombreuses transformations.

Au premier étage se trouve le point de départ des escaliers des amphithéâtres et de ceux des loges et galeries. Ces escaliers sont larges et bien disposés, mais les derniers n'ont pas de paliers propres et doivent emprunter la largeur de la galerie pour leur en tenir lieu. Cette combinaison crée pour la circulation une difficulté et un embarras très sensible au moment des entr'actes ou à celui de la sortie.

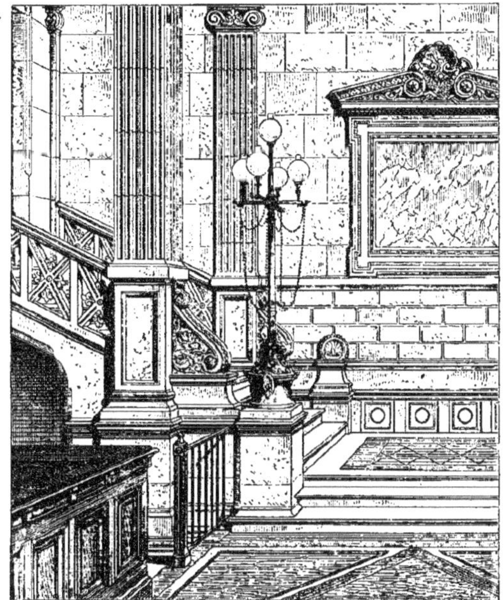

Fig. 2. — Vestibule (théâtre de la Gaîte).

LA SALLE

La salle (fig. 3) est de forme circulaire : elle a $17^{m},50$ de diamètre. Du côté de la scène, elle se termine par une large voussure décorée de deux grandes figures assises, la Danse et la Comédie, par M. Jobbé-Duval. Au-dessus du rez-de-chaussée, comprenant le parterre, l'orchestre et les baignoires, s'élèvent les premières loges, avec un large balcon comprenant cinq rangs de fauteuils, puis deux autres galeries en retraite sur les loges au-dessous, enfin une quatrième galerie et un grand amphithéâtre.

La coupole formant le couronnement est décorée d'arabesques en relief, de médaillons peints et d'une rosace d'où descend le lustre.

Cette salle, très vaste, rappelle la forme des amphithéâtres. Aucun point d'appui ne masque au public la vue de la scène qui, sans obstacle, reste parfaitement visible de toutes les places.

Le nombre des places est de 1,800; la moyenne des dimensions de chacune d'elles est de $0^{m},56$ en longueur et de $0^{m},78$ en profondeur.

Les foyers sont au nombre de deux, un à la hauteur des premières loges et un autre au-dessus pour les galeries supérieures. Le plafond du grand foyer est divisé par compartiments. Les deux compartiments circulaires sont décorés de motifs peints par M. Jobbé-Duval; d'un côté, la Peinture et la Musique; de l'autre, la Sculpture et l'Architecture. Aux deux extrémités se trouvent deux grandes cheminées en marbre blanc, surmontées de frises représentant la Tragédie antique et la Musique, peintes par le même artiste.

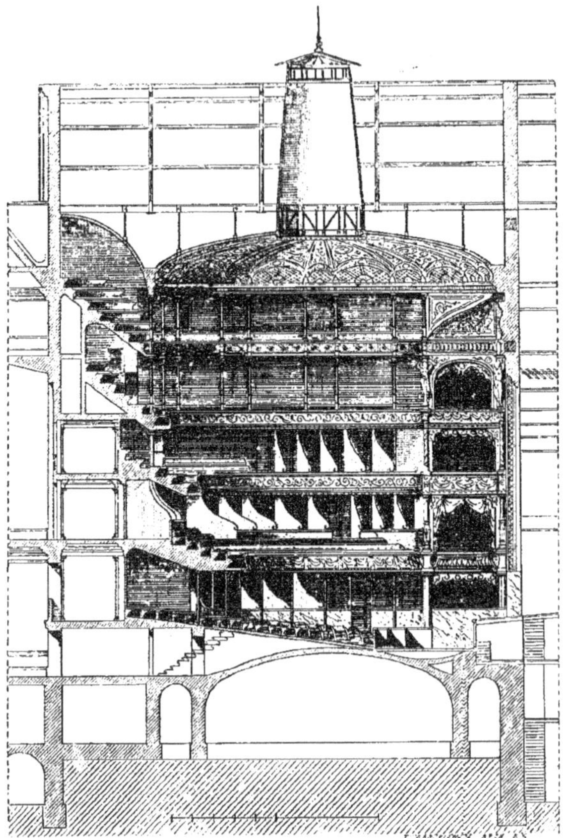

Fig. 3. — Coupe de la salle (théâtre de la Gaîté).

LA SCÈNE

L'ouverture de la scène est de 12 mètres; la profondeur de 17m,50 : on peut, en cas de besoin, lui réunir le magasin de décors placé dans le fond; la longueur totale entre les murs est de 25m,50; aucune disposition spéciale n'appelle l'attention sur les dessous, les dessus et la machinerie.

SERVICES INTÉRIEURS

Les divers services administratifs sont placés dans la partie du bâtiment ayant issue sur la rue de Réaumur. C'est là une excellente condition pour l'écoulement et le bon fonctionnement de ces services. L'emplacement qu'ils occupent est toutefois trop restreint.

ASPECT GÉNÉRAL

Le projet du théâtre de la Gaîté avait été étudié en vue d'une opération privée. Une société industrielle s'était chargée de la construction et de l'exploitation du théâtre au moment où la ville prit l'affaire en main et la convertit en entreprise municipale. Cette origine a exercé une influence fâcheuse sur l'ensemble de l'opération et lui a imposé des dispositions économiques industrielles qui ont enlevé à l'œuvre son caractère artistique.

La façade est décorée de statues représentant : à droite, le Drame, par M. Godin ; à gauche, le Scapin de Molière, par M. Doublemard ; le groupe du fronton du couronnement est de M. Vital-Dubray.

DÉPENSES

La dépense totale s'est élevée à la somme de 1,500,000 francs, soit environ 720 francs par mètre carré de surface occupée.

THÉATRE DU VAUDEVILLE

MAGNE, O. ✱, ARCHITECTE

PL. I À VI.

Le théâtre du Vaudeville est situé à l'angle du boulevard des Capucines et de la rue de la Chaussée-d'Antin. Il occupe un parallélogramme d'une surface de 2,000 mètres environ.

Les travaux, commencés en janvier 1867, ont été terminés le 1er avril 1869. L'inauguration a eu lieu le 22 du même mois.

L'achèvement total des travaux a donc exigé vingt-sept mois.

ENTRÉES — VESTIBULES — GALERIES — ESCALIERS

L'entrée du théâtre se trouve dans la rotonde élevée à l'intersection du boulevard et de la rue. Trois grandes portes donnent accès dans un vestibule circulaire. Au centre, le contrôle ; à droite et à gauche, les bureaux de distribution des billets, ménagés dans l'épaisseur des murs, de façon à ne pas gêner la circulation. Le bureau du contrôle est mobile et s'enlève au moment de la sortie.

Dans l'axe de la porte principale se développe le grand escalier en pierre, avec rampe en fer forgé. Cet escalier est très élégant et très gracieux, mais le manque d'espace a obligé l'architecte à développer la première volée sous la révolution supérieure. Le premier palier paraît par suite bas et écrasé.

La largeur des galeries permet une circulation facile.

L'escalier principal s'arrête au premier étage, deux escaliers secondaires desservent les étages supérieurs.

Afin d'assurer la prompte évacuation de la salle, deux passages aboutissent, l'un sur le boulevard, l'autre sur la rue, à travers les propriétés voisines, grevées à cet effet d'une servitude.

L'entrée des artistes a lieu par un passage spécial ouvert sur la rue de la Chaussée-d'Antin.

LA SALLE

La salle a la forme demi-circulaire; ses extrémités se rapprochent légèrement à leur point de contact avec la scène.

La plus grande largeur de la salle est 16 mètres.

La plus grande longueur, 17 mètres.

La hauteur totale du plancher de l'orchestre à la corniche de couronnement sous le plafond est de 15 mètres.

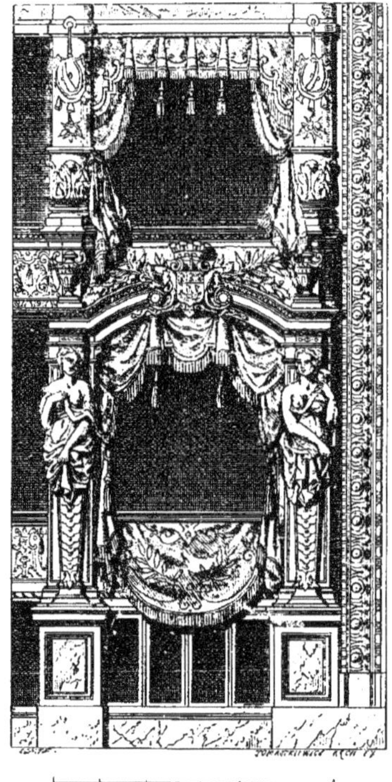

Fig. 1. — Loges d'avant-scène (théâtre du Vaudeville).

Le parti général se compose de trois grands arcs embrassant six et sept loges et séparés par un entre-colonnement avec grande loge à chaque étage. Les points d'appui, à l'aspect ferme et solide, montent de fond et supportent la corniche et la coupole de couronnement.

Le balcon a peu de saillie et ne compte que deux rangs de fauteuils.

Les loges officielles sont précédées d'un salon et occupent les avant-scènes.

Le motif de décoration de ces avant-scènes (fig. 1) se compose de cariatides en simili-pierre, de MM. Gilbert et Cordier. La coupole est décorée de peintures allégoriques par M. Mazerolles : elles représentent la Féerie, le Drame, la Musique et Apollon.

Les appareils de chauffage sont placés dans le sous-sol (fig. 2). Ils élèvent la température de l'intérieur

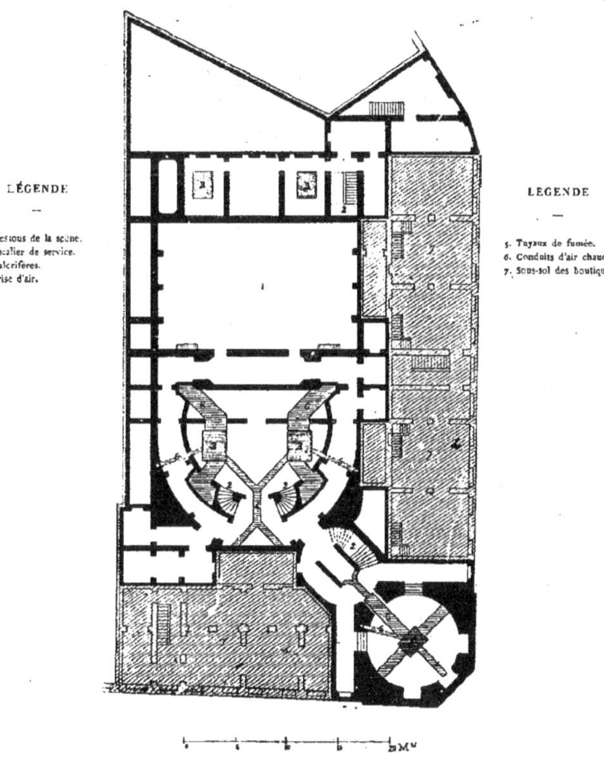

Fig. 2. — Plan du sous-sol (théâtre du Vaudeville).

à 12 ou 15 degrés et n'ont plus ensuite qu'à maintenir la température des couloirs et galeries. La communication de la salle avec les calorifères est interrompue, les passages étant constamment refroidis par l'introduction de l'air extérieur continuent seuls à être chauffés.

La ventilation est assurée au moyen de conduits montant des sous-sols autour de la salle et aboutissant à une galerie dépassant les combles. Ces conduits, distincts pour chaque galerie, sont interrompus au-dessus et au-dessous des planchers : la partie inférieure sert à l'introduction de l'air chaud, la partie supérieure à l'évacuation de l'air vicié. La force d'aspiration nécessaire est, en hiver, déterminée par le tuyau de fumée de calorifère; en été, par une rampe à gaz installée dans la gaine des combles.

Dans le principe, le système d'éclairage consistait en cinq cercles concentriques alimentés par 700 becs de gaz. Ces cercles de feu brûlaient au-dessus d'une rosace pendante en cristal ayant 7 mètres de diamètre. Autour de la rosace principale régnait une bande de verres gravés, séparés par compartiments au moyen de huit pendentifs en cristal. Ces rosaces grandes et petites étaient ornées de moulures, de gravures, de dessins de couleurs. Le verre était mat ou brillant. L'ensemble de cet appareil d'éclairage était original et nouveau; il a été jugé triste et insuffisant et remplacé par un lustre ordinaire.

La salle contient 1,800 places : chacune d'elles ayant en moyenne $0^m,53$ de longueur et $0^m,80$ de profondeur.

Le foyer, qui forme une dépendance de la salle, occupe la rotonde ménagée au-dessus du vestibule circulaire; il a la forme et la décoration d'un élégant salon. A l'une de ses extrémités est une cheminée en pierre sculptée (fig. 3); à l'autre, une jardinière.

Les peintures décoratives sont de MM. Rubé et Chaperon. Les portraits de Suzanne Brohan, d'Albert, de Belmont et de Jenny Colon sont de M. Foulongne.

LA SCÈNE

La scène du Vaudeville est destinée à des représentations de drames et de comédies, n'exigeant qu'une figuration restreinte et un petit nombre de décors. Les dimensions de la scène sont prévues en conséquence.

La scène a 9 mètres d'ouverture et 12 mètres de profondeur; sa largeur intérieure est de 19 mètres. La hauteur du gril au-dessus du plancher est de 20 mètres, et la hauteur des dessous de 7 mètres.

Des entrées directes et indépendantes sont ouvertes sur la rue de la Chaussée-d'Antin pour le passage des décors.

Le système de machinerie des décors est tout en fer, il est mis en mouvement par une machine à vapeur. Le plancher de la scène peut s'élever et s'abaisser entièrement, ou par parties de $2^m,50$ au delà de son niveau ordinaire.

SERVICES INTÉRIEURS

Les services intérieurs occupent un bâtiment élevé en arrière du mur du fond de la scène et en bordure de la rue de la Chaussée-d'Antin; ils comprennent les loges d'artistes, le secrétariat, la direction, etc.

FAÇADE

Le théâtre du Vaudeville n'est indiqué à l'extérieur que par la rotonde élevée à l'angle du boulevard. Toutes les autres façades sont, par suite des considérations développées précédemment, entourées de maisons à loyer.

Cette rotonde ne domine pas assez les constructions voisines. Au premier étage, règne un balcon en pierre abritant les armes de la ville. Au-dessus des fenêtres de ce premier étage, qui éclairent le foyer, sont placés les bustes de Collé (par M. Evrard), de Scribe (par Mlle Dubois d'Avesnes) et de Désaugiers.

Les bustes du dernier étage représentent la Folie, la Musique, la Satire et la Comédie (par M. Salmson). Le génie de la Comédie qui surmonte le fronton est de M. Chevalier. Les deux groupes d'enfants placés sur les angles sont de M. Hébert.

CONSTRUCTION

Le théâtre a été élevé sur l'emplacement de l'ancien lit du ruisseau des Porcherons. Le sol était détrempé et manquait de consistance : il a fallu, pour obvier à cet inconvénient et obtenir des conditions de solidité suffisante, établir, sous tout l'ensemble des constructions, un plateau général en beton de $0^m,50$.

d'épaisseur. Les piles de face sont, depuis la fondation jusqu'au-dessus du socle, en roche d'Euville; le rez-de-chaussée est en pierre de Pargny, et les étages en banc royal de Mery; tous les murs mitoyens sont montés en briques et ont $0^{m},45$ d'épaisseur.

DÉPENSES

La dépense totale de la construction s'est élevée au chiffre de 1,800,000 francs, ce qui fait revenir à 900 francs le mètre carré de surface occupée.

Par suite d'une vente réalisée le 14 avril 1845, la ville a cédé le théâtre du Vaudeville moyennant la somme de 1,100,000 francs.

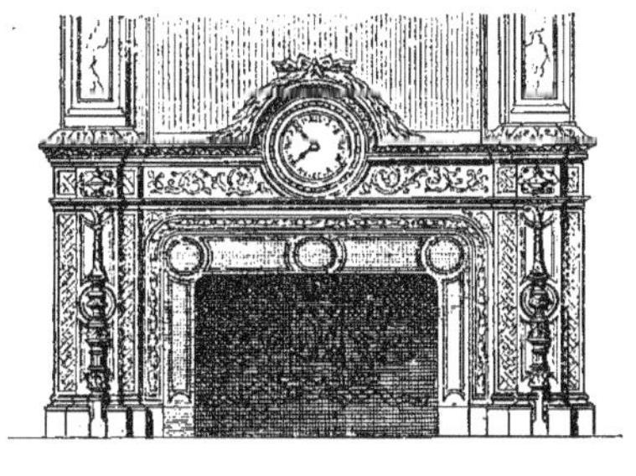

Fig. 3. — Cheminée du foyer public (théâtre du Vaudeville).

MUSÉES

Le seul musée que possède la ville est le musée installé dans l'hôtel Carnavalet.

Elle a récemment fait reconstruire aux Champs-Élysées le pavillon qui avait servi à son exposition du Champ de Mars, lors de l'exposition universelle de 1878, et l'a destiné à servir de lieu d'exposition permanente ou temporaire, suivant les circonstances pouvant se produire.

MUSÉE CARNAVALET

Pl. I à III.

Le musée Carnavalet est situé rue Sévigné, ancienne rue Culture-Sainte-Catherine.

Il est installé dans l'hôtel Carnavalet. Cet édifice, construit au milieu du XVIe siècle par le président Ligneris, passa en 1678 dans les mains de Françoise de la Baume, dame de Carnavalet, dont il prit le nom.

Commencé par Jean Goujon, il fut continué par Androuet Du Cerceau et terminé par Jean-François Mansart.

La ville a acquis en 1866 l'hôtel Carnavalet moyennant la somme de 90,050 francs; elle y a installé un musée et une bibliothèque municipale.

Divers travaux d'appropriation et de restauration ont été exécutés depuis cette époque, sous la direction de M. F. Roguet, architecte de la ville.

L'administration n'a pas eu seulement en vue de préparer un local convenable pour recevoir les collections municipales, elle a voulu également réédifier et conserver plusieurs constructions anciennes d'un grand intérêt artistique et qui, par suite d'opérations de voirie, étaient condamnées à disparaître.

C'est ainsi que l'on a transporté dans les cours du musée Carnavalet, où on les a reconstruits en les restaurant :

L'arc de Nazareth, provenant de l'ancienne préfecture de police;

Le pavillon de Choiseul, qui faisait partie de l'hôtel de Choiseul, rue de Choiseul;

La maison syndicale des drapiers, autrefois située rue des Drapiers.

Intérieurement, on doit également reconstituer l'aménagement et la décoration de salons provenant d'anciens édifices, tels que l'hôtel Dangeau, l'hôtel des Stuarts, l'hôtel d'Ormesson, aujourd'hui disparus.

PAVILLON D'EXPOSITION

BOUVARD, ✻, ARCHITECTE

Pl. I et II.

La ville de Paris avait eu à sa disposition, lors de l'exposition universelle de 1878, un pavillon spécial élevé au milieu du Champ de Mars. Dans ce pavillon, elle avait placé tous les éléments propres à faire comprendre au public l'ensemble de ses services, leur fonctionnement et les résultats obtenus.

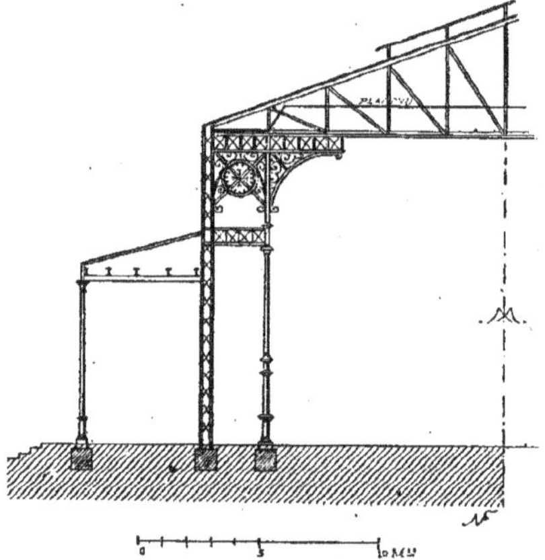

Fig. 1. — Coupe transversale (pavillon d'exposition).

Ce pavillon, appelé à disparaître en même temps que les bâtiments de l'exposition, put, par suite du système appliqué à sa construction, être démonté pièce à pièce et reconstruit aux Champs-Élysées, en arrière du palais de l'Industrie. Sa destination première n'a pas été modifiée et il est toujours appelé à recevoir les expositions temporaires ou permanentes que la ville jugerait à propos d'organiser.

Dès le principe, il s'agissait donc de trouver, dans l'édifice à élever, des surfaces verticales considérables pouvant facilement se diviser en compartiments, recevant chacun les diverses catégories d'objets à exposer.

Le plan fait comprendre comment cette partie du programme a été résolue. Une grande nef, de 25 mètres de longueur, est divisée en travées par des colonnes isolées en fonte, contre lesquelles s'appuient des cloisons ne montant pas à toute hauteur. Ces cloisons forment des divisions et servent de supports aux objets à

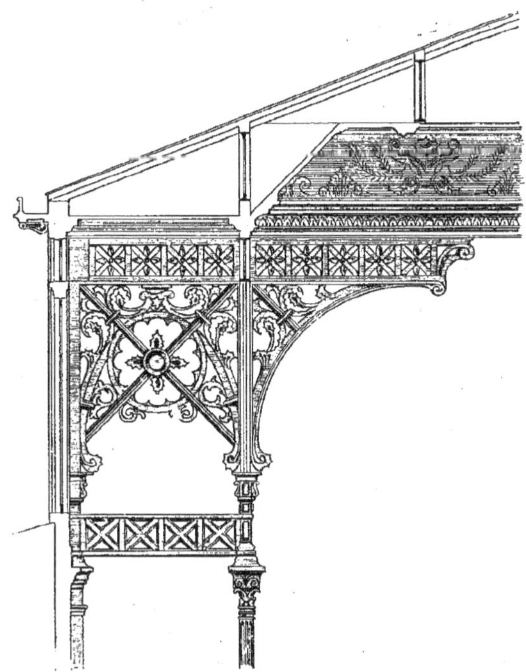

Fig. 2. — Détail d'une ferme (pavillon d'exposition).

exposer. Elles ne gênent pas la circulation et ne cachent pas la vue des parties supérieures de l'édifice. Aux extrémités et dans les flancs se trouvent des portes, des vestibules, des dégagements facilitant les mouvements du public et permettant d'entrer et de sortir, sans gêner les visiteurs arrêtés dans les compartiments.

Le système de construction employé est des plus ingénieux et prouve une parfaite concordance d'idées entre l'architecte M. Bouvard, l'ingénieur M. de Dion et le constructeur M. Eiffel. Une ossature métallique, dont les intervalles sont remplis en maçonnerie de briques, en plaques de staff et de terre cuite émaillée, constitue toute l'économie du système (fig. 1).

La fonte n'est employée que comme point d'appui ; les colonnes de fonte ne supportent qu'une charge verticale, les actions obliques des poussées sont, au moyen d'étrésillonnement (fig. 2), neutralisées et, en cas de mouvement, reportées sur les piles en fer qui flanquent les colonnes le long des bas côtés. Quatre forts pylones élevés aux angles extrêmes donnent à l'ensemble l'assiette et la stabilité nécessaires.

Des galeries latérales (*fig.* 3) complètent le plan, relient les pavillons opposés et servent à l'exposition d'objets pouvant être placés à l'extérieur.

Les vides entre les montants de l'ossature sont remplis au moyen de châssis en fonte rattachés à la carcasse et servant à sertir des panneaux de verre émaillés ou de staff.

A l'intérieur, la ferronnerie est restée apparente et a seulement reçu quelques ornements de métal. Le plafond, monté en matériaux excessivement légers, est vitré dans sa partie centrale et décoré de peintures et de moulures en staff faisant relief.

Les travaux, commencés en août 1877, ont pu être achevés le 1er mai 1878, jour de l'ouverture de l'exposition. Une délibération du conseil municipal, en date du 29 avril 1880, a ouvert les crédits nécessaires pour la translation de l'édifice aux Champs-Élysées.

Les dépenses effectuées, tant pour la construction première que pour la translation et la reconstruction, se sont réparties de la manière suivante :

Maçonnerie	64.420 fr.
Serrurerie	400.000
Charpente et menuiserie	28.027
Couverture	26.006
Terres cuites ornées et émaillées, ornements en staff	35.984
Frais de modèles	13.261
Peinture	6.228
Fournitures Clark	3.300
Divers	7.298
Décoration intérieure	100.000
Reconstruction	358.000
Total	1.042.524 fr.

La surface couverte étant de 3,580 mètres, le prix du mètre carré revient à 320 francs le mètre environ.

BIBLIOGRAPHIE

DOCUMENTS D'OU SONT EXTRAITS LES RENSEIGNEMENTS QUI PRÉCÈDENT.

L'Art. Rouam, éditeur.

Encyclopédie d'architecture. Ve A. Morel et Cie, éditeurs.

Gazette des Architectes et du Bâtiment. Ve A. Morel et Cie, éditeurs.

Revue générale d'architecture. Ducher et Cie, éditeurs.

Monographie des théâtres de la place du Châtelet, par P.-C. Daly et G. Davioud. Ducher et Cie, éditeurs.

Monographie du théâtre du Vaudeville. Ducher et Cie, éditeurs.

Notes sur les objets et documents exposés par les divers services de la ville de Paris. Chaix et Cie, éditeurs.

Notes manuscrites, de MM. Bouvard, Magne, Roguet.

TABLE DES MATIÈRES

ÉDIFICES CONSACRÉS AUX BEAUX-ARTS

THÉATRES

MUSÉES

MUSÉE CARNAVALET

PAVILLON D'EXPOSITION DE LA VILLE DE PARIS

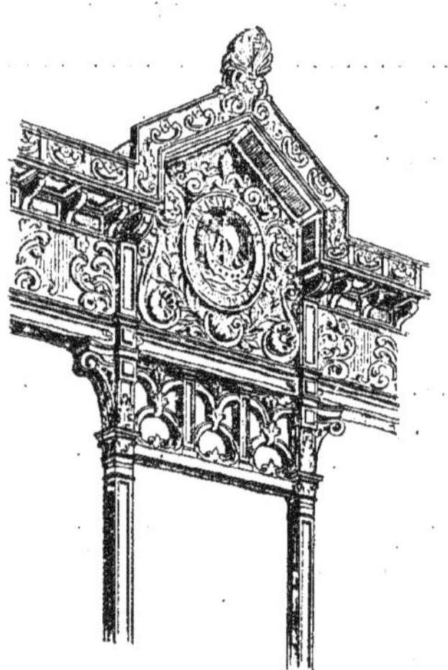

Fig. 3. — Pignon des galeries latérales (Pavillon d'exposition).

Paris. — Imp. A. Quantin, 7, rue Saint-Benoît. [638]

PARIS

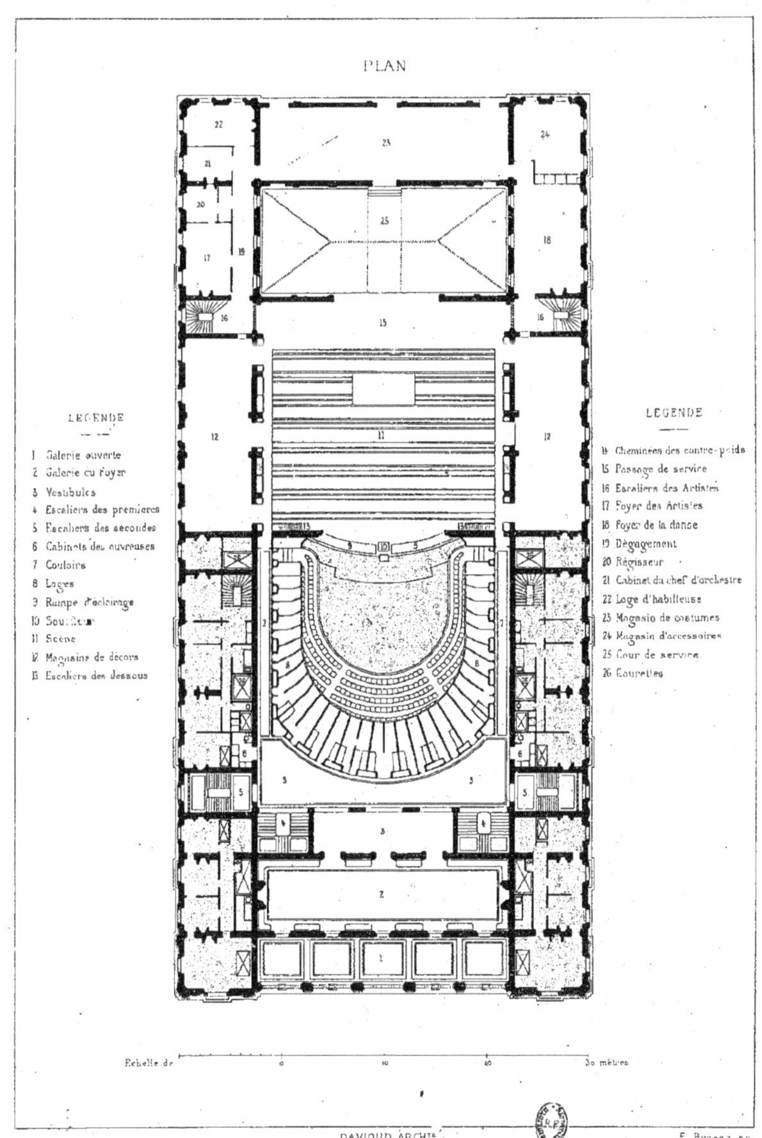

DAVIOUD, ARCHTE. E. Brossé sc.

THEATRE DU CHATELET

I

Ve A. MOREL et Cie Editeurs Imp. Lemercier et Cie Paris

PARIS

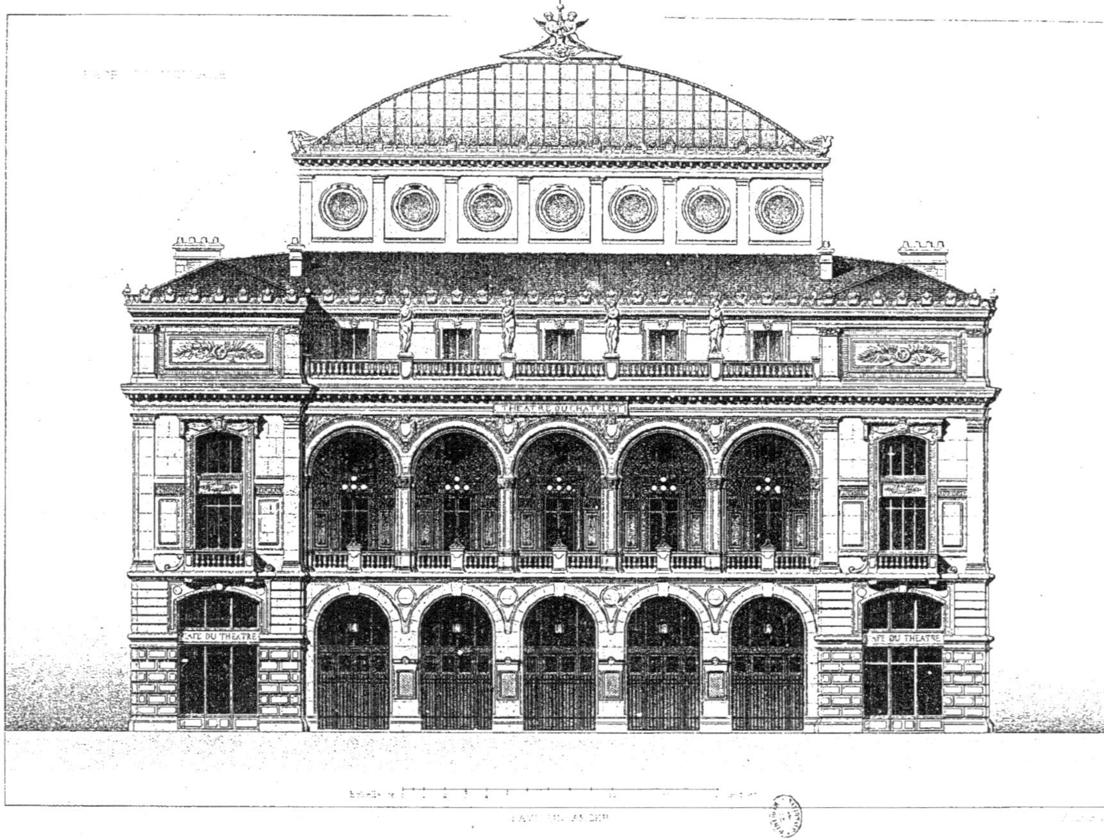

THEATRE DU CHATELET

II

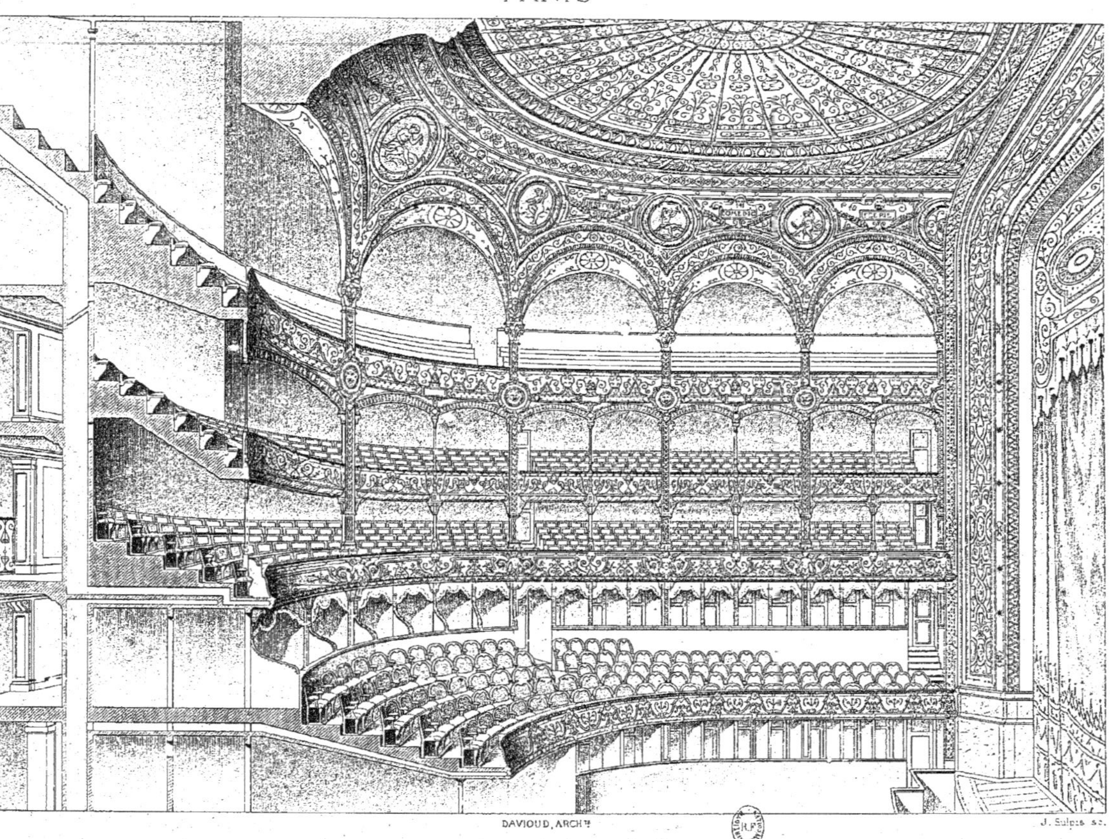

DAVIOUD, ARCH^TE^ J. Sulpis sc.

THEATRE DU CHATELET
VUE DE LA SALLE
III.

Vve A. MOREL et Cie Editeurs Imp. Lemercier et Cie Paris

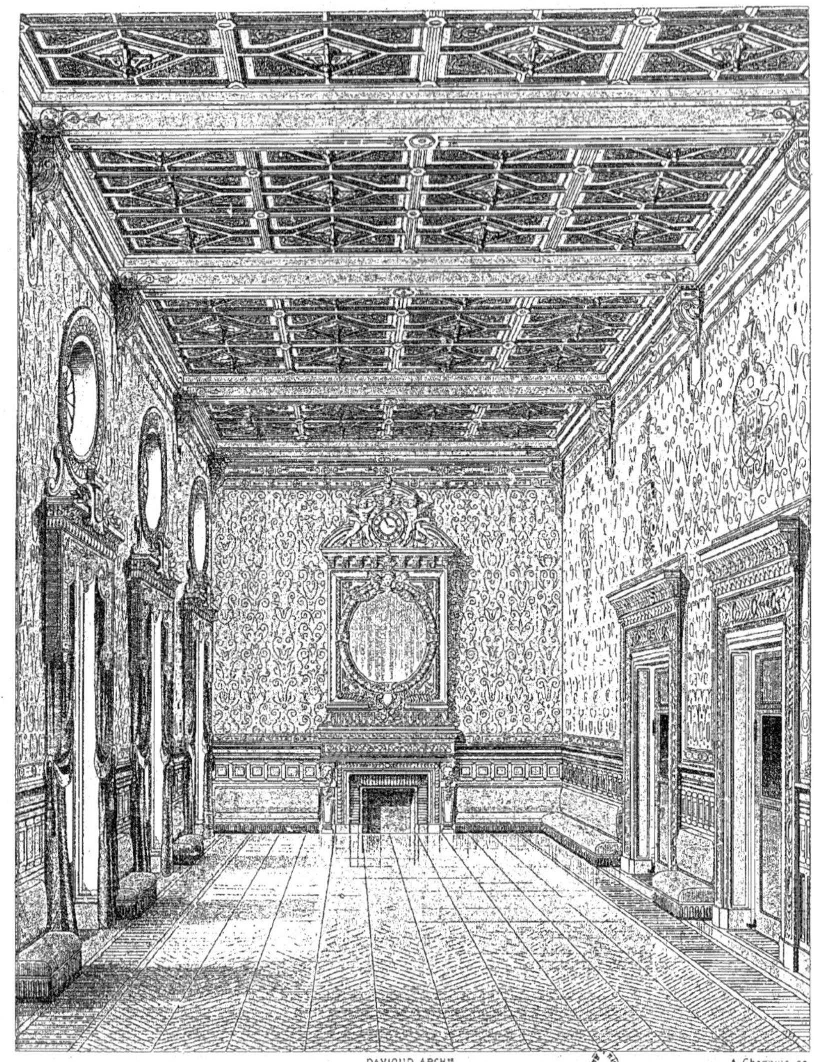

DAVIOUD, ARCH^{te}

A. Chappuis sc.

THEATRE DU CHÂTELET

VUE DU FOYER

IV.

Vve A. MOREL et Cie Editeurs.

Imp. Lemercier et Cie Paris

PARIS

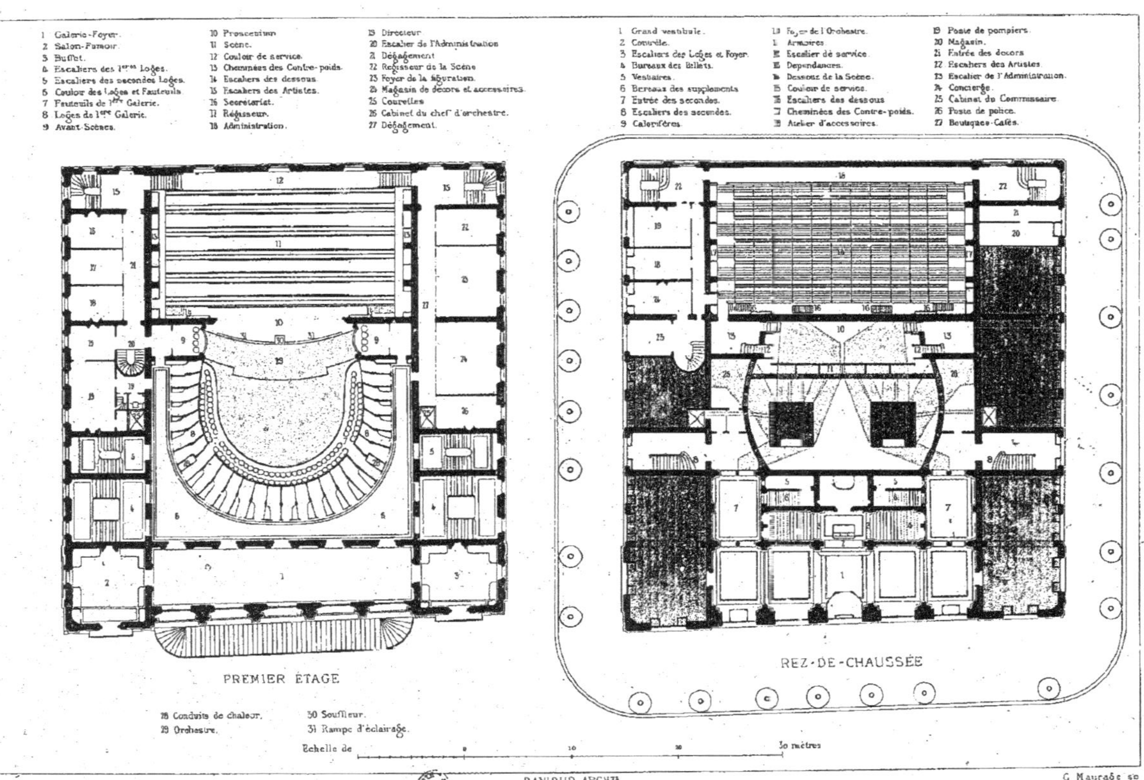

DAVIOUD, ARCHte

G. Maurage sc.

THEATRE LYRIQUE

PLANS

1

Vve A. MOREL et Cie Editeurs

Imp. Lemercier et Cie Paris

PARIS

E. Gaudrier del.

DAVIOUD, ARCHte

Bessy sc.

THEATRE LYRIQUE

VUE PERSPECTIVE

II.

Vve A. MOREL et Cie Editeurs

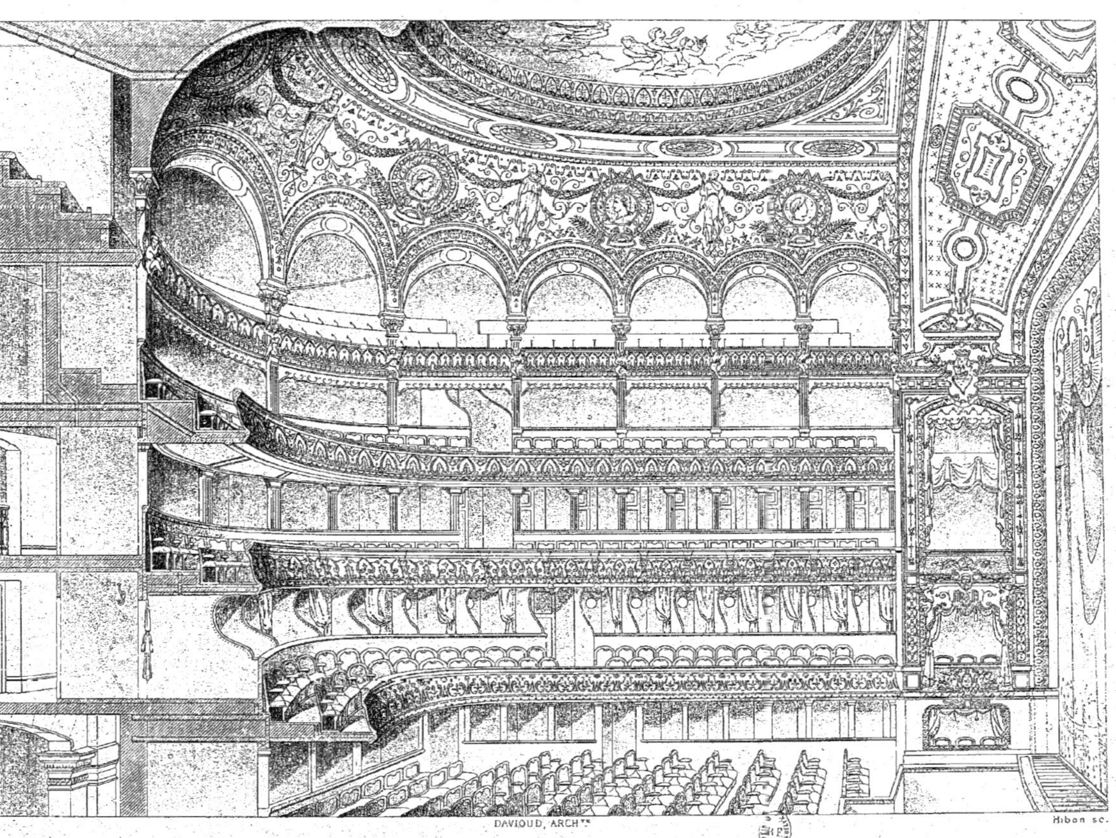

DAVIOUD, ARCH^{TE}　　Hibon sc.

THEATRE LYRIQUE

VUE DE LA SALLE

Vve A. MOREL et Cie Editeurs　　Imp. Lemercier et Cie Paris

PARIS

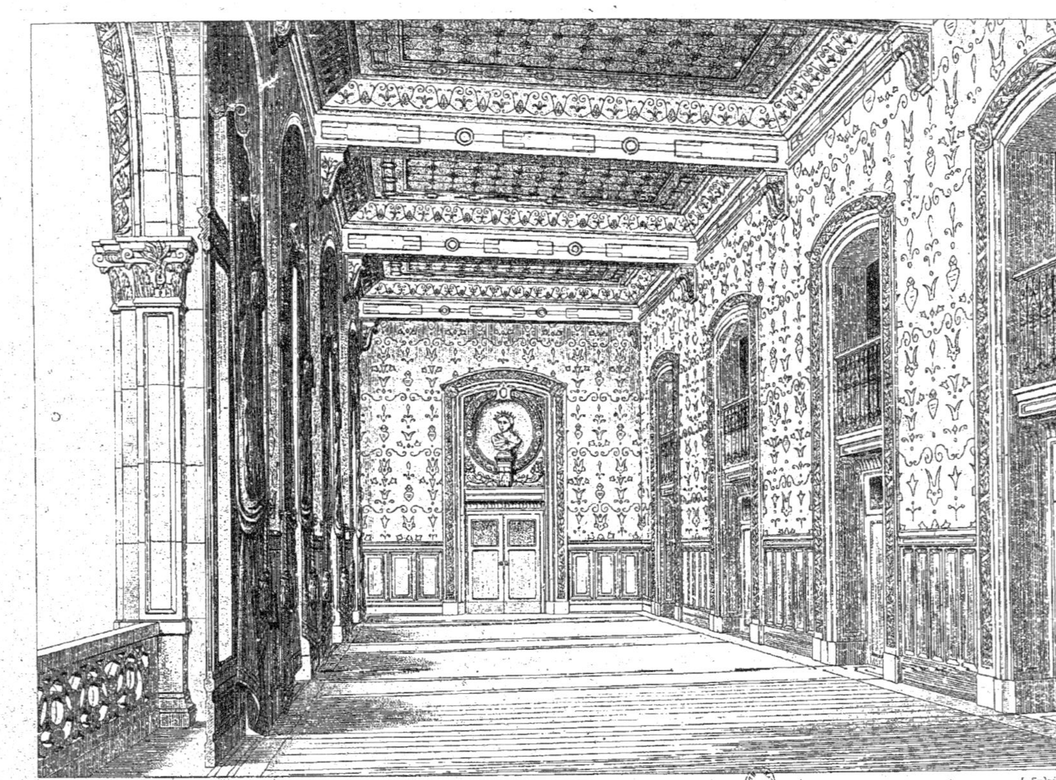

E. Gaudrier del. | DAVIOUD, ARCH^TE | J. Sulpis sc.

THEATRE LYRIQUE

VUE PERSPECTIVE DU FOYER

IV.

Ve A. MOREL et Cie Editeurs. Imp. Lemercier et Cie Paris

PARIS

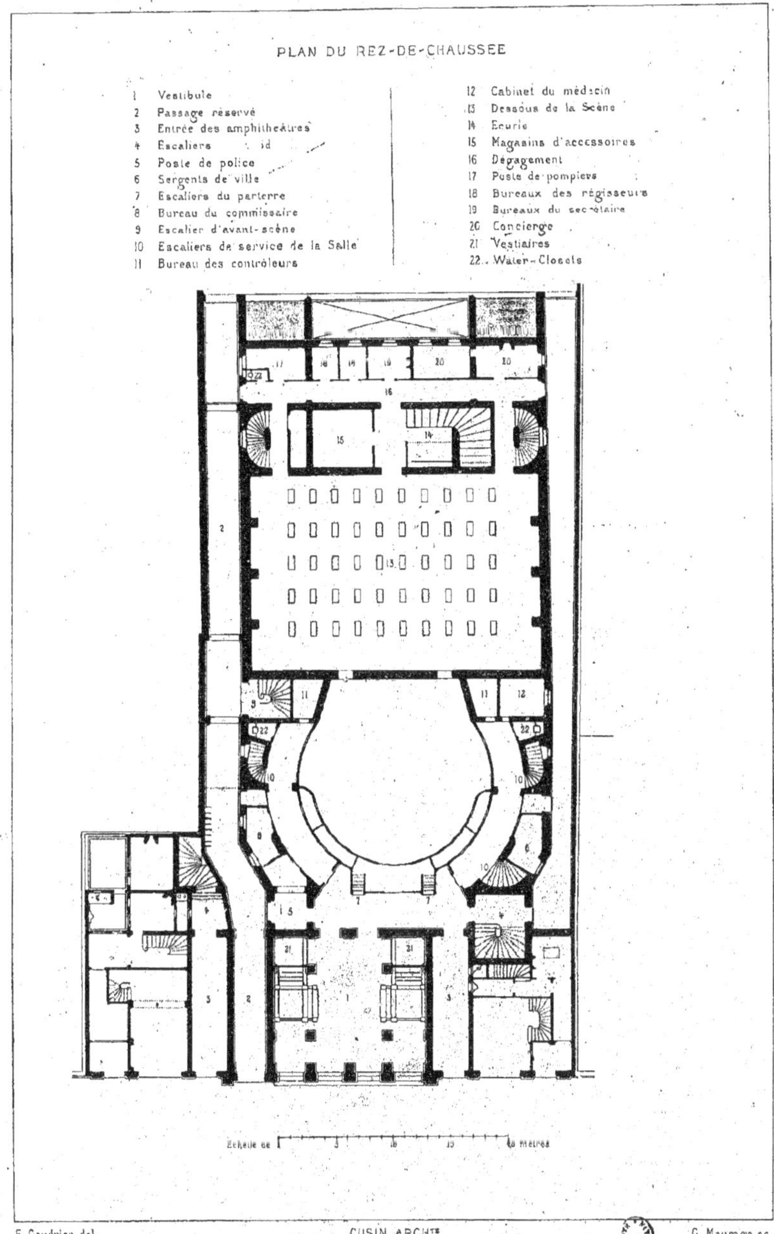

E. Gaudrier del. CUSIN, ARCH^TE G. Maurage sc.

THEATRE DE LA GAITE

(SQUARE DES ARTS-ET-METIERS)

I

Ve A. MOREL et Cie Editeurs. Imp. Lemercier et Cie Paris.

PARIS

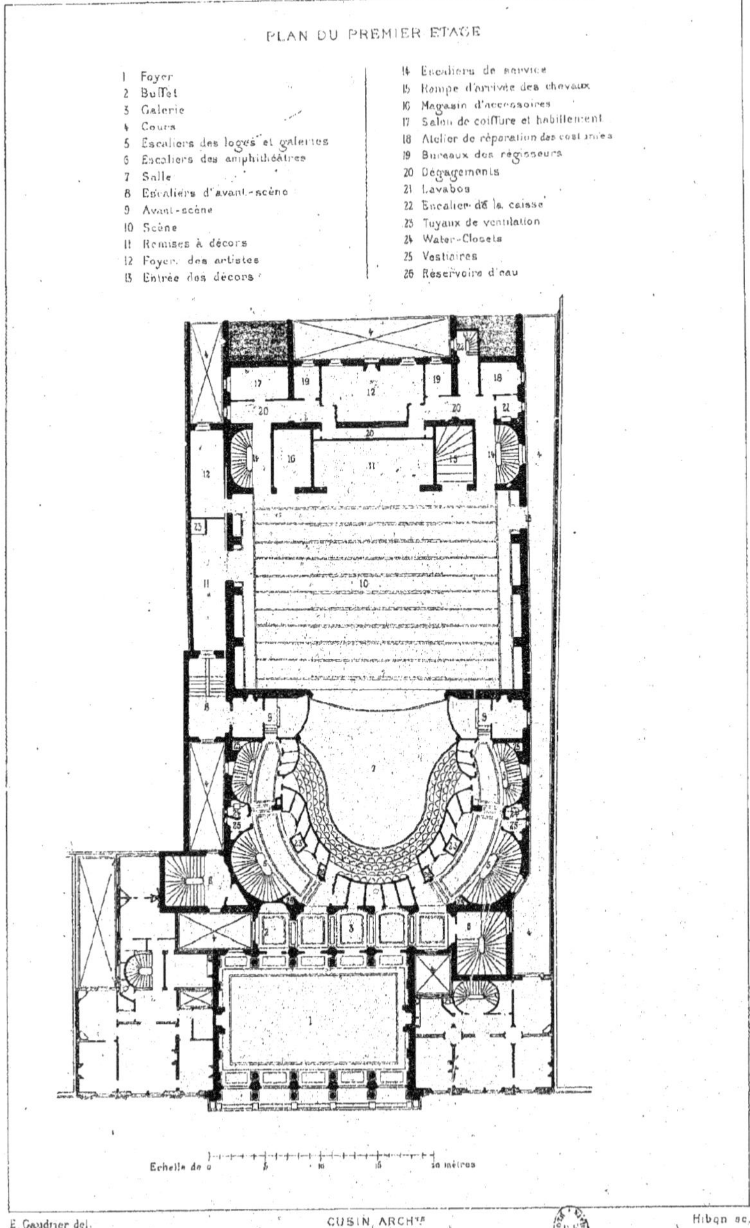

E. Gaudrier del. CUSIN, ARCHTE Hibon sc.

THEATRE DE LA GAITÉ

(SQUARE DES ARTS-ET-METIERS)

II.

Ve A. MOREL et Cie Editeurs Imp. Lemercier et Cie Paris

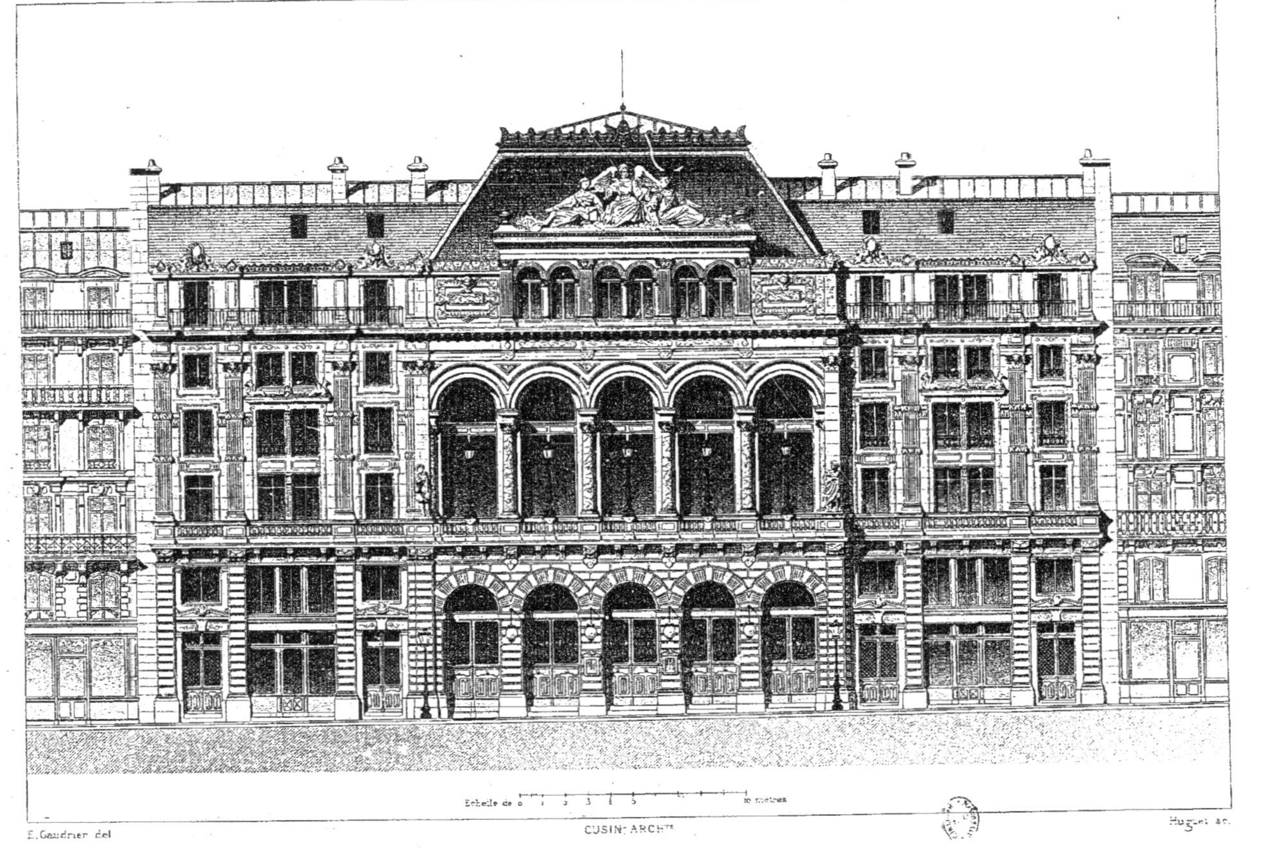

E. Gaudrier del

CUSIN ARCH^te

Huguet sc.

THEATRE DE LA GAITE (SQUARE DES ARTS-ET-METIERS)

FAÇADE

III.

Vve A. MOREL et Cie Editeurs

Imp. Lemercier et Cie Paris

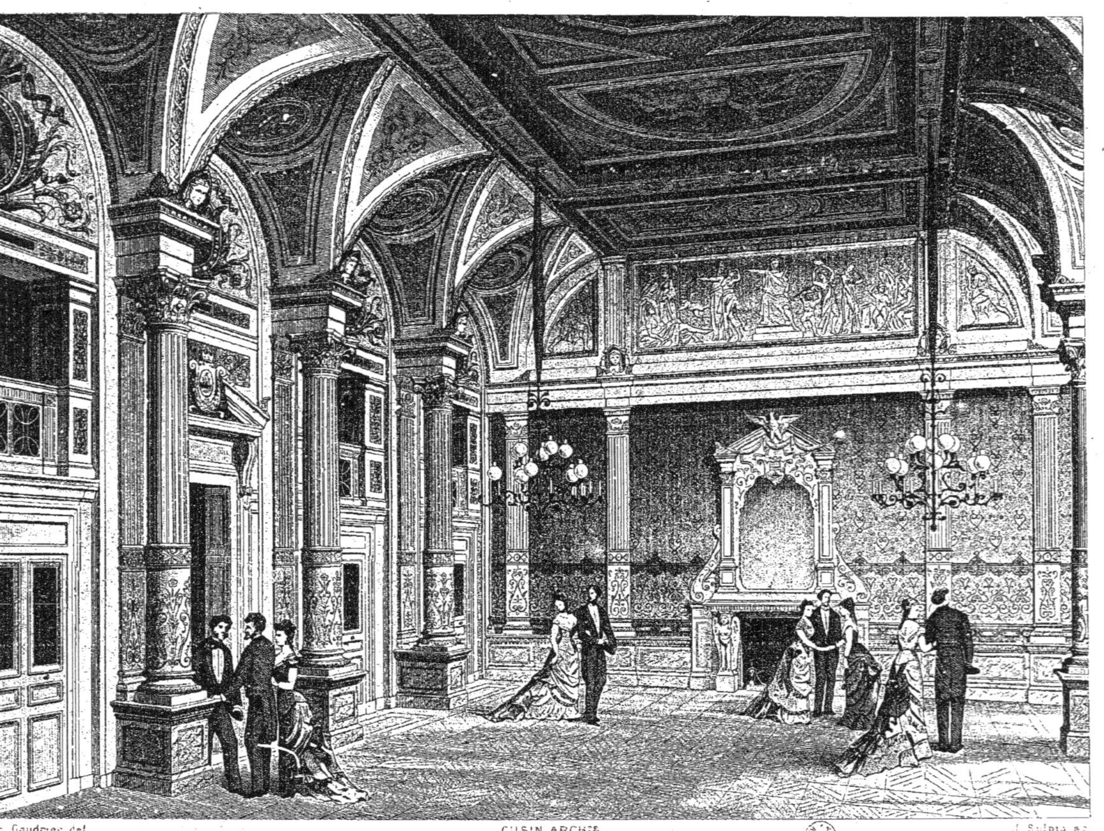

E. Gaudrier del. CUSIN, ARCHte J. Sulpis sc.

THEATRE DE LA GAITE (SQUARE DES ARTS-ET-METIERS)

VUE DU FOYER

IV

PARIS

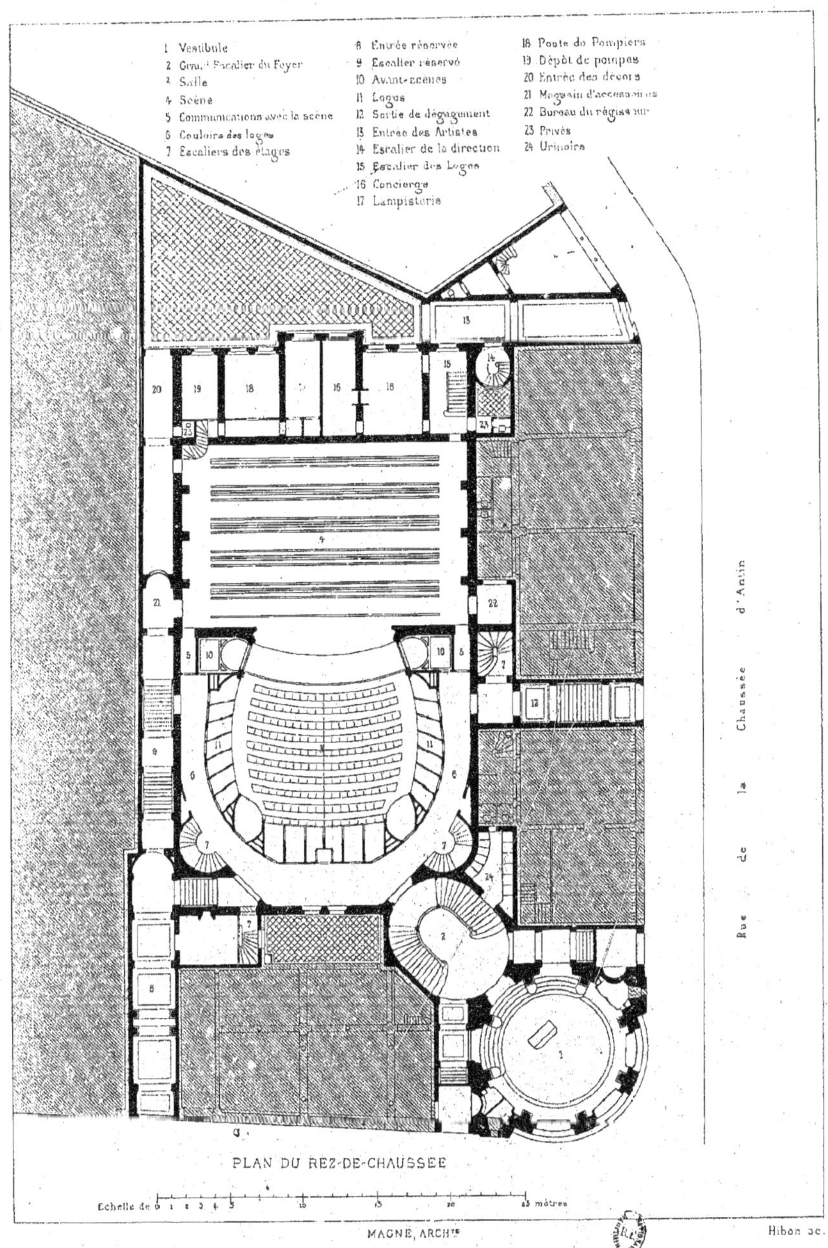

MAGNE, ARCH^TE Hibon sc.

THEATRE DU VAUDEVILLE

I.

Vve A. MOREL et Cie Editeurs Imp. Lemercier et Cie Paris 254

PARIS

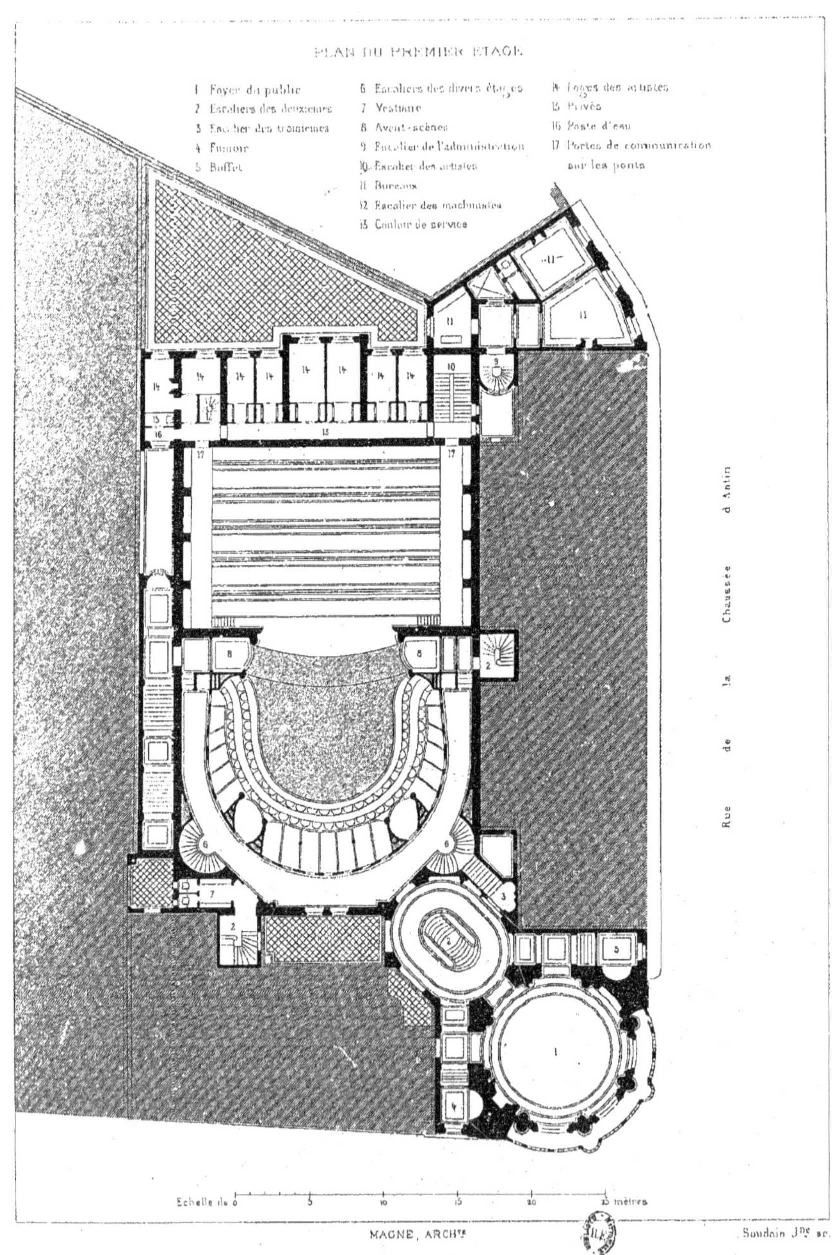

MAGNE, ARCHte — Soudain Jne sc.

THEATRE DU VAUDEVILLE

II.

Vve A. MOREL et Cie Editeurs — Imp. Lemercier et Cie Paris 255.

PARIS

MAGNE, ARCHTE

THEATRE DU VAUDEVILLE

COUPE SUR LA SALLE

III

Ve A. MOREL et Cie Éditeurs

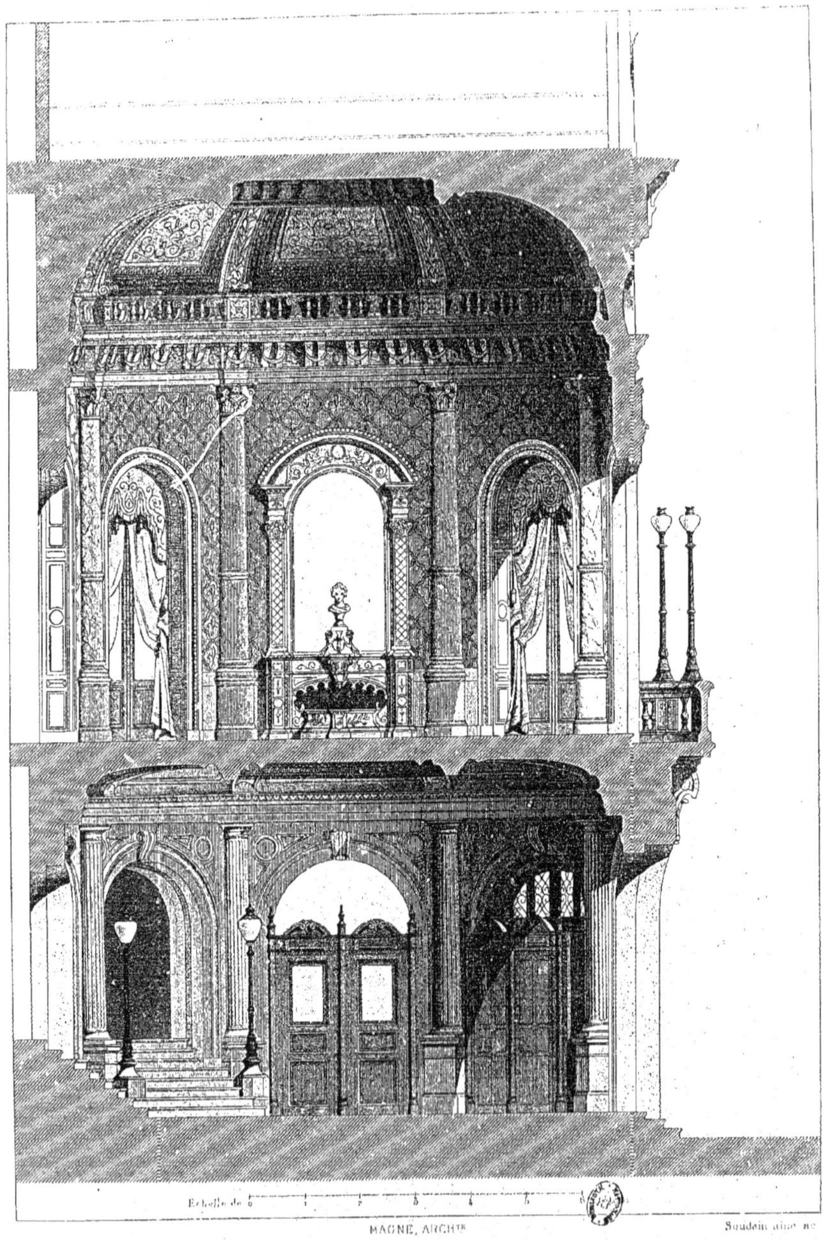

MAGNE, ARCH^TE

Soudain aîné sc

THEATRE DU VAUDEVILLE

COUPE SUR LE VESTIBULE ET LE FOYER

IV.

Ve A. MOREL et Cie Editeurs.

Imp. Lemercier et Cie Paris

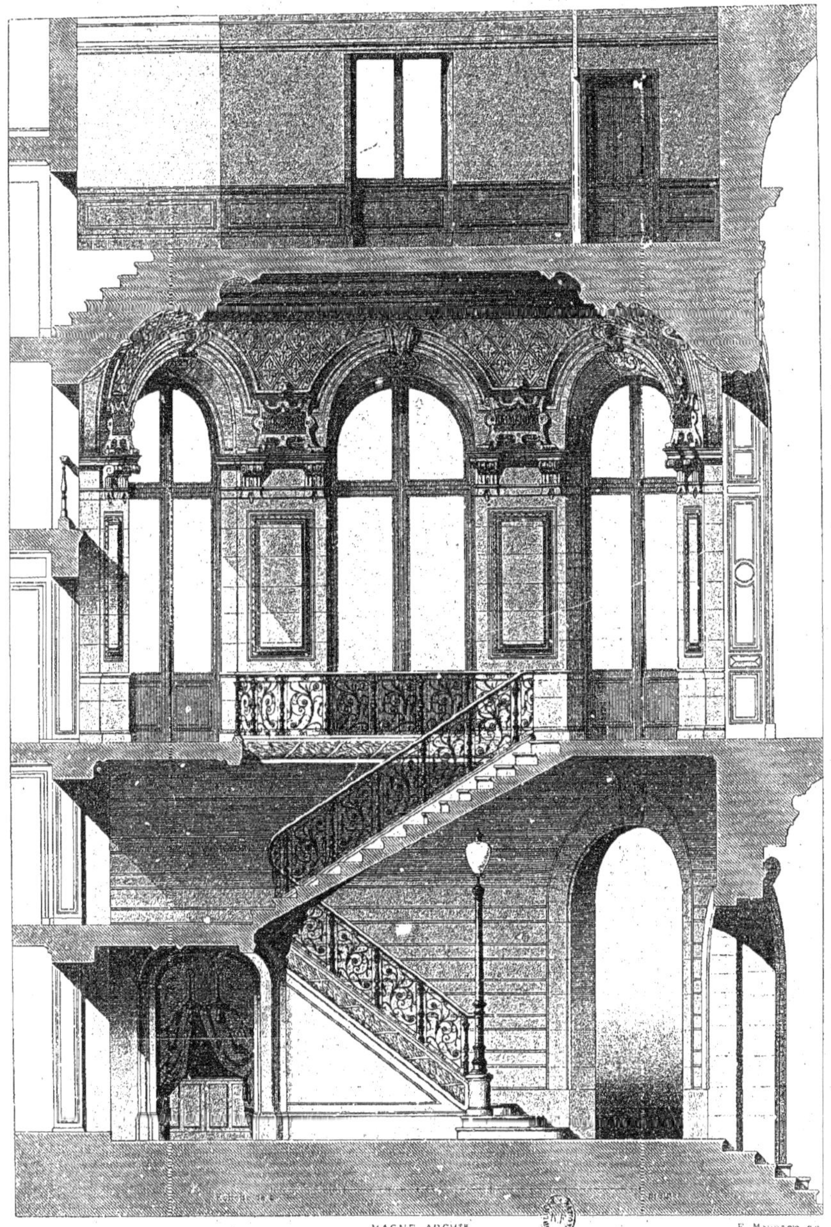

MAGNE, ARCH^te. E. Maurage sc.

THEATRE DU VAUDEVILLE

COUPE SUR LE GRAND ESCALIER

V

Ve A. MOREL et Cie Éditeurs. Imp. Lemercier et Cie Paris 256

PARIS

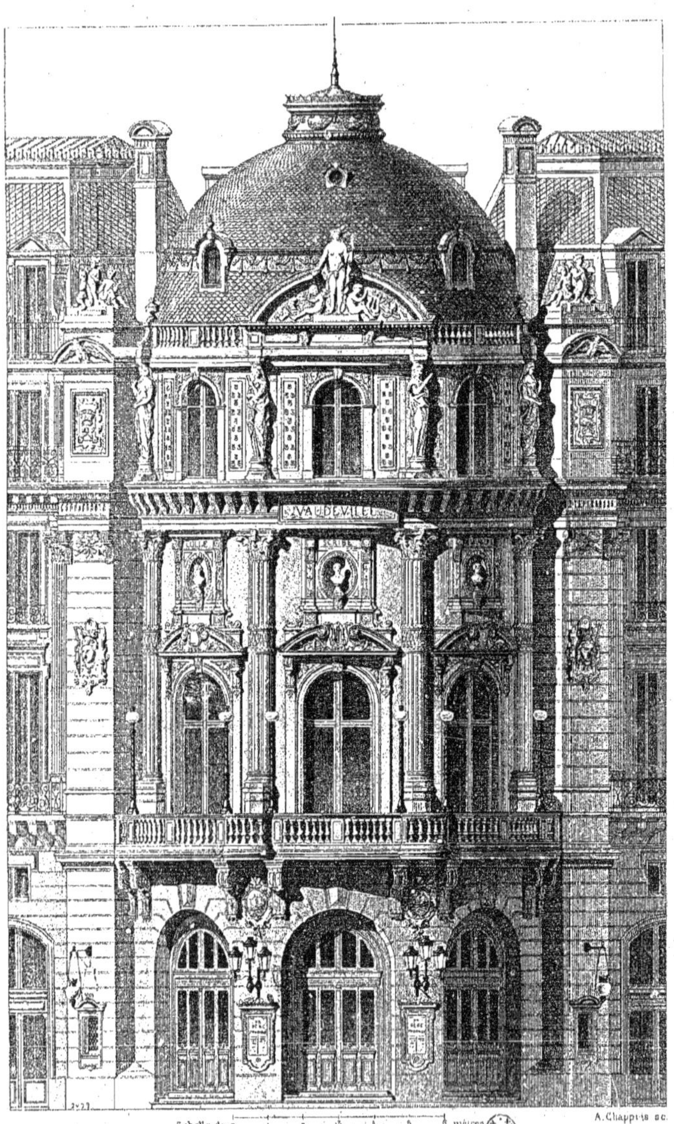

MAGNE, ARCH^{te}

THEATRE DU VAUDEVILLE

ELEVATION PRINCIPALE

VI.

Vve A. MOREL et Cie Editeurs

Imp. Lemercier et Cie Paris

PARIS

PLAN DU REZ-DE-CHAUSSEE

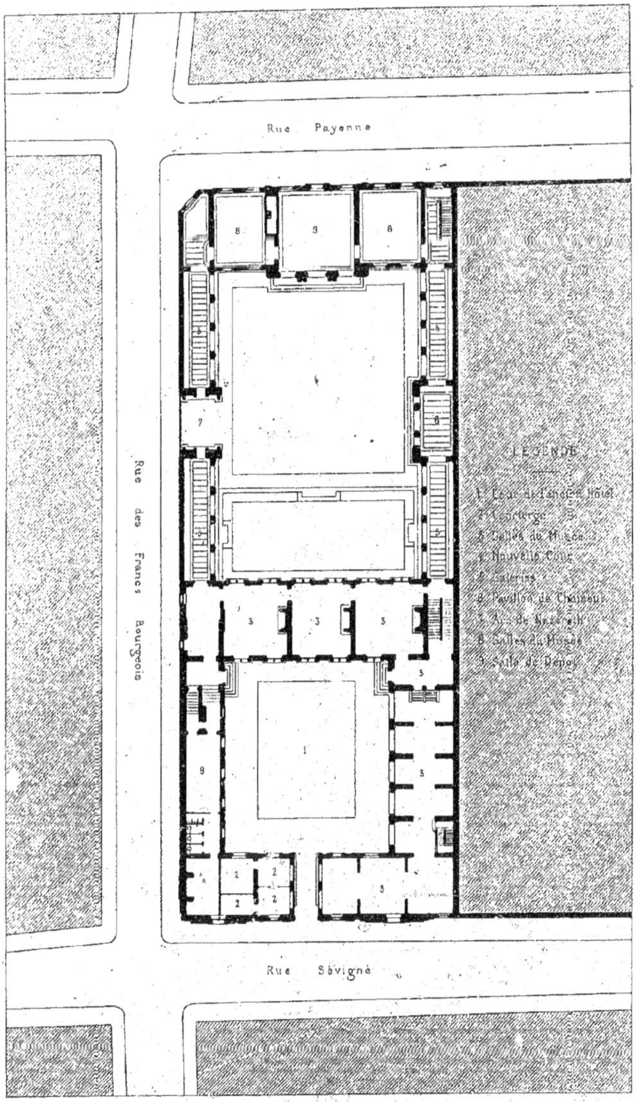

Echelle de 0 5 10 15 20 mètres

E. Brossé sc.

MUSÉE CARNAVALET

I.

Vve A. MOREL et Cie Editeurs. Imp. Lemercier et Cie Paris

PARIS

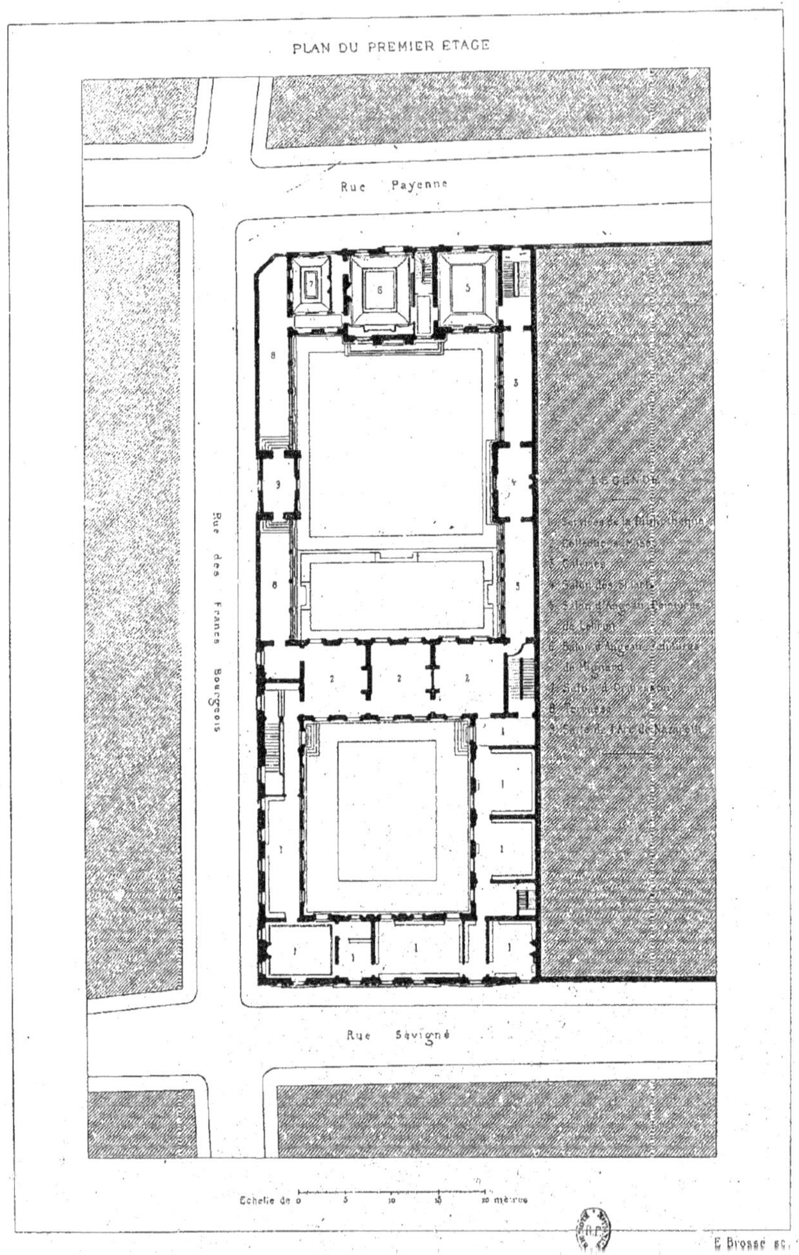

E. Brossé sc.

MUSÉE CARNAVALET

II

Vve A. MOREL et Cie Editeurs.

Imp. Lemercier et Cie Paris

PARIS

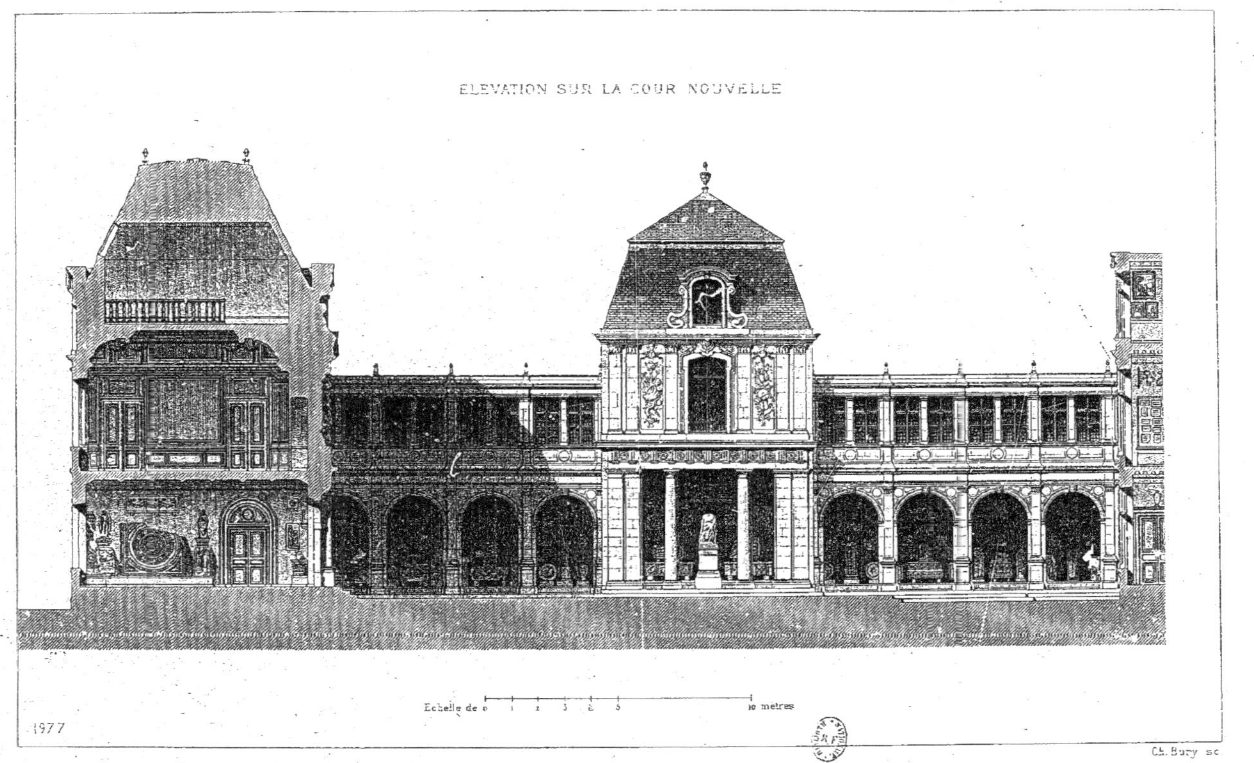

Ch. Bury sc.

MUSEE CARNAVALET

III

Vve A. Morel et Cie Editeurs.

Imp. Lemercier et Cie Paris

ELEVATION PRINCIPALE

PLAN

Echelle de l'Elevation 0 5 10 20 mètres

Echelle du Plan 0 10 20 40 mètres

J. BOUVARD, ARCH^TE

Ch. Bury sc.

PAVILLON D'EXPOSITION DE LA VILLE DE PARIS

I

V^VE A. MOREL et CIE Éditeurs

Imp. Lemercier et Cie Paris.

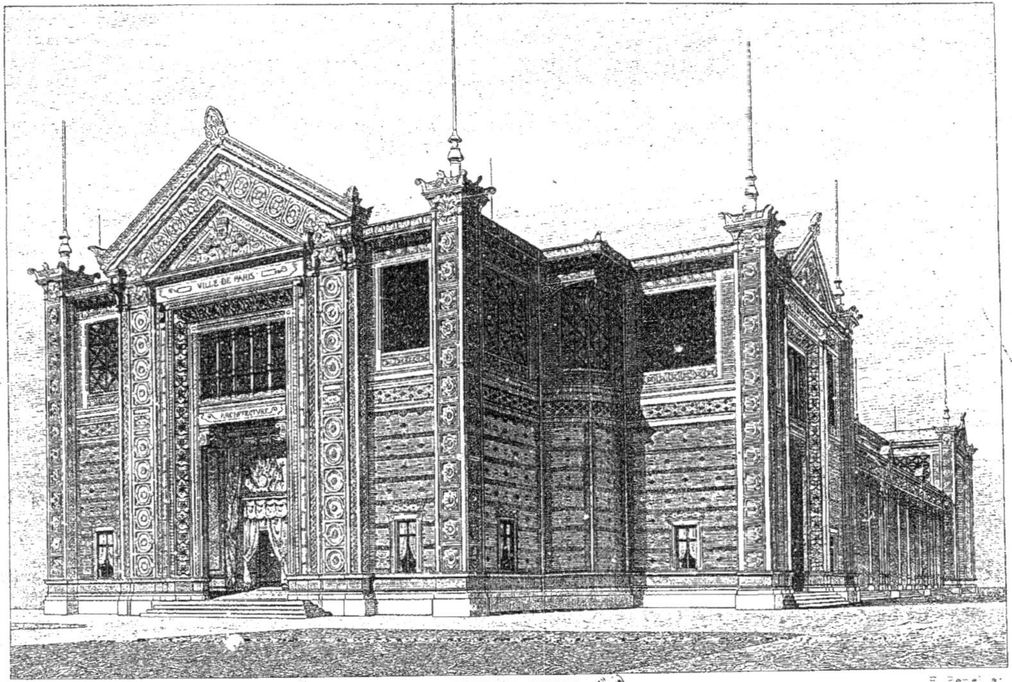

J. BOUVARD, ARCHte — F. Penel sc.

PAVILLON D'EXPOSITION DE LA VILLE DE PARIS

VUE PERSPECTIVE EXTERIEURE

11

Vve A. MOREL et Cie Éditeurs — Imp. Lemercier et Cie Paris

PARIS

ÉDIFICES RELIGIEUX

GRAVURES EXÉCUTÉES SOUS LA DIRECTION DE

M. CLAUDE SAUVAGEOT

d'après les dessins de

MM. FÉLIX NARJOUX, CHABAT, FAURE, GAUDRIER, MIGNAN,
ALDROPHE, BALLU, BALTARD,
CAILLAT, GINAIN, GODEBŒUF, HÉRET, MAGNE,
UCHARD, VARCOLLIER, VAUDREMER

PARIS

MONUMENTS ÉLEVÉS PAR LA VILLE

1850-1880

OUVRAGE PUBLIÉ

SOUS LE PATRONAGE DE LA VILLE DE PARIS

PAR

FÉLIX NARJOUX

Architecte de la ville de Paris

ÉDIFICES RELIGIEUX

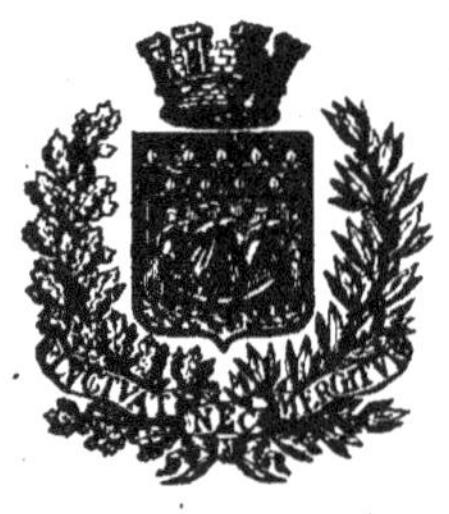

PARIS

Vve A. MOREL ET Cie, LIBRAIRES-ÉDITEURS

13, RUE BONAPARTE

1883

ÉDIFICES RELIGIEUX

AVANT-PROPOS

A aucune époque de son histoire, Paris n'a vu s'élever dans son enceinte un aussi grand nombre d'édifices religieux que pendant la période comprise entre 1850 et 1870.

Ces édifices appartiennent à tous les cultes et comprennent :

11 Églises catholiques.

2 Presbytères catholiques.

2 Temples protestants.

2 Synagogues.

Ils diffèrent tous les uns des autres par leur importance, par leur forme architecturale, leur décoration et leurs dispositions intérieures et extérieures.

Leur réunion présente donc un sujet d'étude très intéressant, et les comparer entre eux, au point de vue de la forme, des dimensions et de l'économie générale, est profitable à tous égards.

L'église dont le mètre carré de surface couverte à coûté le plus cher est l'église Saint-Augustin (2,000 francs). Celle dont le mètre carré de surface couverte a coûté le meilleur marché est l'église Saint-Joseph (510 francs). Une grande marge existe donc entre ces deux extrêmes, et il est curieux de voir par quels moyens et quels systèmes de construction les architectes ont pu la remplir.

Les monographies dont les notices suivent sont présentées par ordre chronologique. L'église dont la construction est la plus ancienne vient donc la première.

ÉGLISE SAINT-JEAN-BAPTISTE DE BELLEVILLE

FEU LASSUS *, ARCHITECTE

Pl. I à IV

L'église Saint-Jean-Baptiste est située sur les hauteurs de Belleville, commune distincte de Paris avant 1860, et faisant, depuis l'annexion, partie du XIXe arrondissement.

Elle occupe, sur un plateau très élevé, l'emplacement d'une ancienne église du XVIIe siècle.

Le parti général et les détails de l'édifice rappellent les souvenirs de l'architecture du moyen âge au XIIIe siècle. Le plan est très simple. Les sacristies, séparées de l'église, lui sont cependant rattachées et ne font qu'un tout avec elle.

La façade principale fait comprendre la division intérieure de la nef, des bas côtés et du transept ; un pignon accuse la nef, et en tête des bas côtés s'élèvent deux hautes tours surmontés de flèches en pierre.

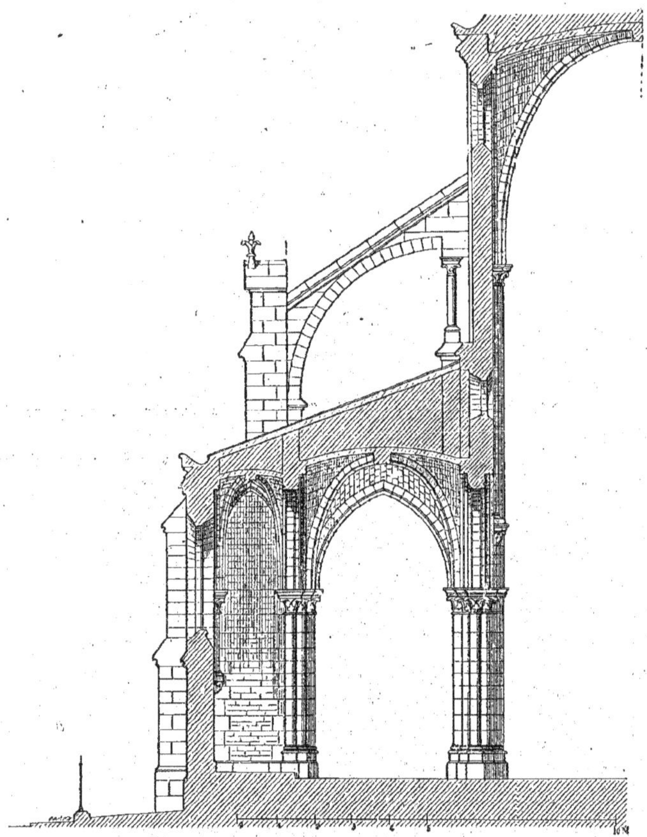

Fig. 1. — Coupe transversale.

La façon dont ces flèches s'amortissent sur les tours et les prolongent est un des points les plus réussis de l'édifice. La saillie des contreforts portant les arcs-boutants de la nef est utilisée pour former une série de chapelles annexées aux bas côtés. Le comble des bas côtés et celui de ces chapelles se confondent sous une pente unique et sont traversés par les piles des arcs-boutants de la nef, disposition qui offre l'inconvénient de dissimuler le système de la construction (fig. 1).

Le socle, les contreforts, les appuis, pied-droits et voussoirs des fenêtres et portes, les bandeaux, corniches et chéneaux, les roses, pignons, galeries et balustrades, l'étage du beffroi et les flèches des tours sont en pierre de taille; tous les remplissages sont en moellons appareillés et piqués.

A l'intérieur, les piliers et colonnes sont en pierre de taille ainsi que les arcs des voûtes; les remplissages de ces voûtes sont en moellons appareillés (fig. 2), et ceux des murs en moellons recouverts d'un enduit.

Le tympan de la porte principale est décoré de sculptures (M. Perrey, statuaire), représentant la vie de saint Jean-Baptiste, patron de la paroisse.

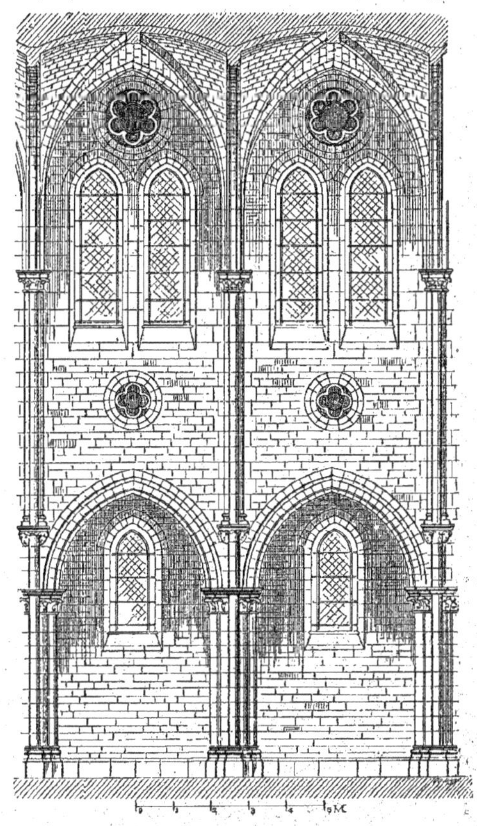

Fig. 2. — Coupe longitudinale.

Les travaux, commencés en juin 1854, ont été terminés en 1859. L'église a été consacrée le 11 août de cette même année.

La surface couverte, y compris les sacristies, est de 1,643 mètres.

La dépense totale, mobilier compris, s'est élevée à la somme de 950,000 francs. Le prix du mètre carré de surface couverte est donc de 578 francs environ.

ÉGLISE SAINT-BERNARD

MAGNE O*, ARCHITECTE

Pl. I à III

L'église Saint-Bernard fut commencée par la commune de la Chapelle qui, depuis l'annexion, en 1860, fait partie du XVIIIᵉ arrondissement. Elle s'élève sur une place en bordure de la rue Affre, près du chemin de fer du Nord.

L'architecture de l'édifice rappelle celle du XIVᵉ siècle. Les sacristies font partie intégrante du plan et occupent deux grandes chapelles du chevet, dont les dispositions tranchent avec celles des parties environnantes.

Le porche ne figurait pas au projet primitif; il a été ajouté depuis que la Ville de Paris a pris possession de la commune de la Chapelle. Un des caractères de l'église Saint-Bernard est l'absence de tours et de clocher; une flèche en charpente s'élève au-dessus de la façade principale, et a reçu les cloches.

La coupe transversale fait comprendre le système général de la construction et la manière dont sont contre-butées les voûtes de la nef.

Tous les murs intérieurs et extérieurs, pied-droits, voussoirs, arcs, remplissages, sont en pierre de taille; les voûtes seules sont en moellons piqués et appareillés.

Le mobilier est en rapport avec l'architecture de l'église, et le tout forme un ensemble dont les parties ont été étudiées avec un soin égal.

Les travaux, commencés en 1858, ont été terminés en 1862.

La surface couverte est d'environ 1,500 mètres.

La dépense totale s'est élevée à 1,500,000 francs.

La dépense moyenne, par mètre carré de surface couverte, peut donc être évaluée à environ 1,000 francs.

ÉGLISE SAINT-AUGUSTIN

FEU BALTARD O*, ARCHITECTE

Pl. I à V

L'église Saint-Augustin s'élève à l'intersection des boulevards Malesherbes et Haussmann, et de l'avenue Portalis (fig. 1).

La forme triangulaire du terrain a déterminé celle du monument qui, très resserré sur la façade, va en s'élargissant jusqu'à la coupole centrale occupant la place du transept.

La nef a une grande largeur (16 mètres) et n'est pas accompagnée de bas côtés. Des chapelles latérales occupent l'emplacement laissé libre entre les contreforts, lesquels ne font aucune saillie sur la face extérieure. Ces chapelles, très étroites à l'entrée de la nef, vont en s'élargissant suivant la forme du terrain. Une grande galerie accessible au public règne au-dessus de ces chapelles.

La partie la plus remarquable de l'édifice est la grande coupole centrale sous laquelle débouche la nef. Cette coupole est portée sur plan carré de 27 mètres de côté ; les angles de ce carré sont abattus de façon à

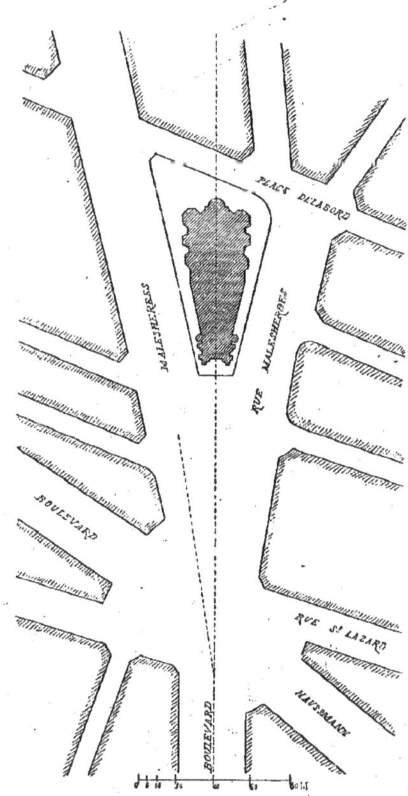

Fig. 1. — Plan de l'église et de ses abords.

donner un octogone irrégulier. Les quatre grands côtés sont percés d'arcs sous lesquels s'ouvrent la nef l'abside et deux chapelles latérales.

Le maître-autel occupe le centre du carré sur lequel s'élève la coupole ; il forme à lui seul un édifice. Les degrés qui y donnent accès, la grille qui l'environne et le ciborium qui le surmonte frappent par leurs dimensions et les heureuses proportions qui les rattachent à l'ensemble général.

Une crypte règne sous toute l'église. C'est dans cette crypte, haute et très éclairée, que se font les catéchismes et que se célèbrent les cérémonies funèbres. On peut ainsi éviter la rencontre, à la même heure, d'un enterrement et d'un mariage, et ne pas exposer les fidèles à des froissements pénibles.

Le système de construction comprend une enveloppe de maçonnerie et une ossature métallique supportant les voûtes. Ces deux parties du même tout sont indépendantes l'une de l'autre tout en étant solidaires, et leur réunion présente un des plus remarquables essais de l'emploi du fer dans les constructions modernes.

L'église Saint-Augustin est très richement décorée ; les parements intérieurs sont recouverts de peintures sur lave émaillée, sur toile marouflée et sur enduit à la cire. Sur la façade principale, au-dessus de la porte d'entrée, sont treize statues représentant le Christ et les douze apôtres (M. Jouffroy, statuaire). A l'intérieur, au-dessus de chaque pile de la nef, sont des statues allégoriques. Sous la coupole, des statues du

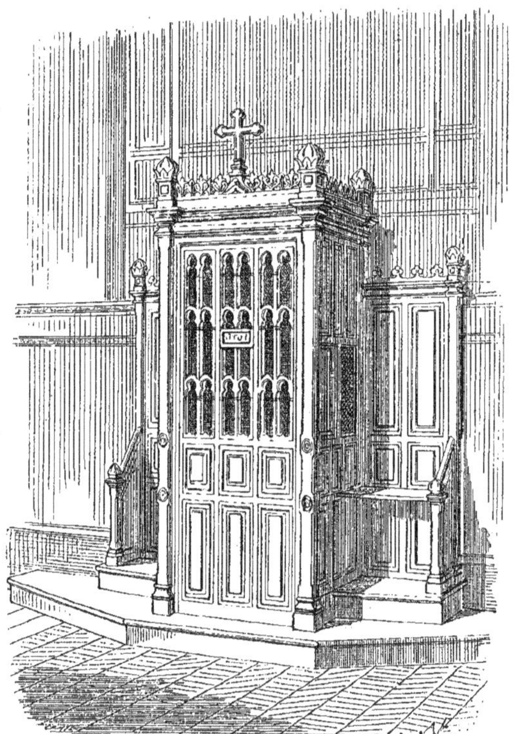

Fig. 2. — Confessionnal.

même genre se retrouvent accompagnées de statues de saints, au milieu d'un parti décoratif du plus grand effet.

Construite pendant la période où les discussions de partis, les querelles entre les diverses écoles architecturales étaient très vives, l'église Saint-Augustin a été l'objet de critiques passionnées et injustes. Aujourd'hui que les esprits sont plus calmes, que la mort est venue frapper celui qui l'a conçue, on est revenu à une plus saine appréciation de cette grande œuvre, et on reconnaît que l'église Saint-Augustin est une des plus originales et des plus puissantes créations artistiques du Paris moderne.

Les figures 2 et 3 représentent un confessionnal et une des portes latérales de Saint-Augustin. Ces figures, jointes aux grandes planches de la monographie, permettront de se rendre compte du soin et de l'étude apportés dans tous les détails de l'édifice.

Les travaux, commencés en 1860, ont été terminés en 1871.

La surface totale couverte est d'environ 3,000 mètres.

La dépense totale s'étant élevée à 5,700,000 francs, le mètre carré de surface couverte a donc coûté près de 2,000 francs.

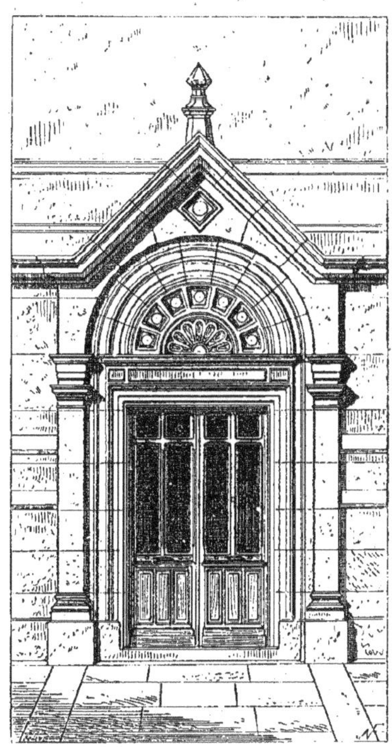

Fig. 3. — Une des portes latérales.

ÉGLISE DE LA TRINITÉ

BALLU C *, ARCHITECTE

Pl. I à IV

L'église de la Trinité s'élève à l'extrémité de la rue de la Chaussée-d'Antin, en façade sur la rue Saint-Lazare et la place de la Trinité. Elle a remplacé une église provisoire élevée en 1853. (Devrez, architecte.)

En avant de l'église a été ménagé un square que termine une fontaine adossée au mur de face. Deux rampes d'accès entourent le square et aboutissent au porche sous lequel les voitures pénètrent et circulent à couvert. Des rues latérales isolent l'édifice de toutes parts. Onze portes s'ouvrent sur ces rues et donnent accès à l'intérieur. Les cérémonies du culte peuvent donc se faire sans difficultés, sans encombre, et les fidèles que le deuil ou la joie appelle à l'église peuvent s'y rendre sans s'y exposer à de tristes rapprochements.

Un ruisseau qui traversait autrefois, à ciel ouvert, cette partie de Paris, passe sous un angle de la grande

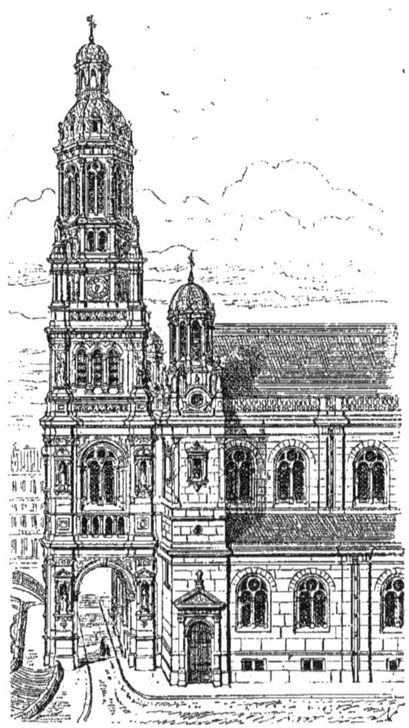

Fig. 1. — Vue perspective latérale

tour; il a fallu employer des moyens de consolidation exceptionnels pour donner au sol, en cet endroit, la consistance nécessaire.

Sous l'abside règne une crypte très vaste et très saine, éclairée et aérée directement, et servant de salle de catéchismes.

La tour unique, élevée dans l'axe de la nef, domine l'édifice et, placée en face de la rue de la Chaussée-d'Antin, produit, vue du boulevard, un grand effet décoratif.

Entre la nef et le porche se trouve un vestibule auquel donnent accès les grandes portes de la façade pour les gens venus en voiture, et les deux principales portes latérales, percées sur les flancs de la tour (fig. 1), pour les gens venus à pied. Au-dessus de ce vestibule est le buffet d'orgue, en bois sculpté.

En avant, s'ouvre la nef (17 mètres de largeur) accompagnée de bas côtés servant de passages et de chapelles latérales. Le chœur termine la nef sans en être séparé par un transept. Le maître-autel est surélevé

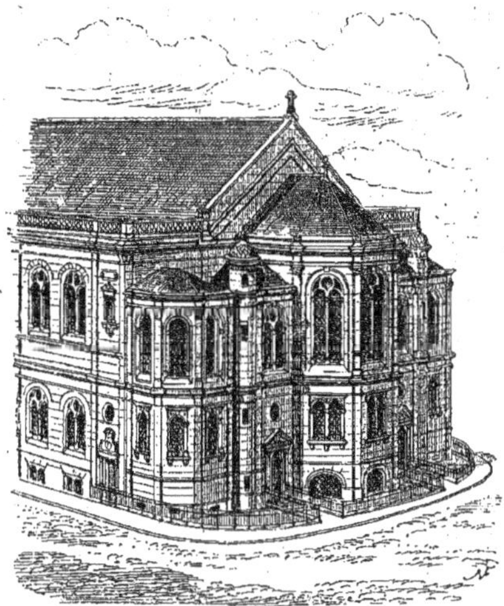

Fig. 2. — Vue perspective de l'abside.

par un degré de dix marches et prend ainsi une grande importance. Les colonnes qui l'entourent laissent de

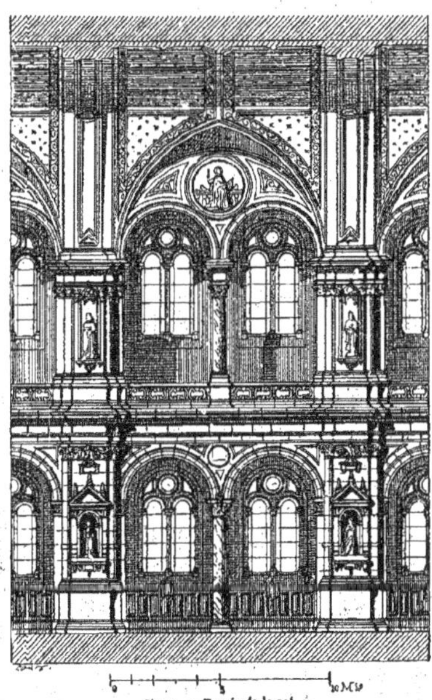

Fig. 3. — Travée de la nef.

chaque côté un passage par lequel le public peut gagner la chapelle de la Vierge qui termine l'abside.

Les sacristies continuent les lignes des bas côtés et font partie intégrante de l'ensemble général.

Une tribune, destinée à recevoir le public, occupe la partie supérieure des bas côtés et des chapelles latérales.

Tous les parements intérieurs sont ornés de peintures décoratives reliant l'une à l'autre des allégories religieuses, des scènes de l'histoire sacrée.

Au milieu des piliers (fig. 4) séparant les travées de la nef (fig. 3), des culs-de-lampe supportent des statues de saints et des allégories.

La construction de l'édifice est tout entière en pierre de taille, sauf les parties de remplissage qui sont en briques et moellons recouverts d'enduit.

Les voûtes et les colonnes du chœur sont formées d'une ossature en fer et fonte recouverte d'enduits et de peintures. Ce parti a, lors de la construction de l'édifice, donné lieu à de vives discussions aujourd'hui oubliées.

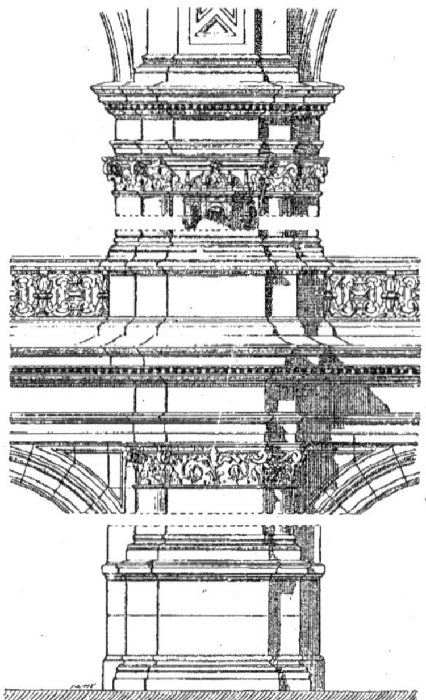

Fig. 4. — Détail d'une pile.

L'abside (fig. 2) se trouve sur une voie secondaire et a été traitée avec la plus grande simplicité.

Les travaux de construction de l'église de la Trinité ont été commencés le 1er septembre 1861 et terminés le 7 novembre 1867.

La surface totale couverte par les constructions de toute nature est de 3,000 mètres environ.

Les dépenses effectuées se sont élevées à 3,950,000 francs, soit, par conséquent, 1,300 francs par mètre carré de surface couverte.

ÉGLISE SAINT-FRANÇOIS-XAVIER

UCHARD ✻, ARCHITECTE

Pl. I à III

La construction de l'église Saint-François-Xavier a eu pour objet de donner une église à la paroisse des Missions installée provisoirement, depuis un grand nombre d'années, dans une chapelle dépendant de la communauté des Missions étrangères, rue du Bac et rue de Babylone.

L'église nouvelle est située dans le quartier de l'École militaire (VIIe arrondissement). Sa façade s'élève en bordure du boulevard des Invalides, et son chevet se trouve à la rencontre des avenues de Breteuil et Duquesne. La direction donnée à l'alignement suivi a été déterminée par le tracé d'un boulevard partant du pont des Saints-Pères pour aboutir à l'avenue de Breteuil. Ce boulevard aurait passé le long de la façade latérale droite de l'église; mais la réalisation de ce projet ayant été abandonnée, l'église se trouve placée d'une façon irrégulière par rapport aux grandes voies qui l'environnent.

Un perron de six marches précède la façade. Au-dessus de la grande porte d'entrée, une rosace surmontée d'un pignon indique le toit de la nef. A droite et à gauche, des tours ou plutôt des campaniles très peu importants, dans lesquels sont logées les cloches. Les façades latérales sont très simples, sans retraites ni saillies, ni motifs de décoration.

L'intérieur comprend une large nef sans bas côtés, mais avec des chapelles latérales. Le chœur est entouré d'une galerie circulaire passant derrière le chevet. Les voûtes sont recouvertes de peintures très fines de ton (M. Lameire, peintre), représentant des personnages, des allégories et de grands motifs de décoration.

Les travaux de l'église Saint-François-Xavier ont été commencés vers la fin de 1861 sur les plans de Lusson, architecte; mais l'administration trouva trop considérables les dimensions données à l'édifice. Les travaux furent donc suspendus pour permettre de nouvelles études ayant pour objet la réduction du périmètre.

Les constructions étaient, à cette époque, élevées jusqu'à la naissance des arcs et la forme du plan, par conséquent, absolument arrêtée. Les travaux recommencèrent en 1865 sous la direction de M. Uchard; suspendus de nouveau en 1869, par suite de difficultés soulevées par l'entrepreneur de maçonnerie, ils venaient d'être repris quand les événements de 1870 les arrêtèrent à nouveau; ils ne furent achevés qu'en 1876.

La dépense à laquelle a donné lieu la construction de l'église Saint-François-Xavier s'est élevée à 3,366,456 francs ainsi répartis :

Terrasse et maçonnerie	1.935.599 fr.
Serrurerie	441.310
Charpente	46.307
Couverture, plomberie, gaz	305.678
Pavage et asphalte	11.251
Fumisterie	69.171
Peinture et vitrerie	14.433
Marbres et stucs	63.147
Mosaïques, cloches, horloge, paratonnerre, tapisserie, etc.	37.076
Orgues	45.000
Sculpture, personnages, ornements, peinture, vitraux, etc.	397.484
Total	3.366.456 fr.

La surface couverte étant de 2,800 mètres environ, la dépense moyenne par mètre carré de surface couverte revient donc à 1,200 francs environ.

ÉGLISE NOTRE-DAME-DE-LA-CROIX

A MÉNILMONTANT

HÉRET, ARCHITECTE

Pl. I à IV

L'église Notre-Dame-de-la-Croix se trouve en contre-bas de la rue de Ménilmontant; elle est entourée

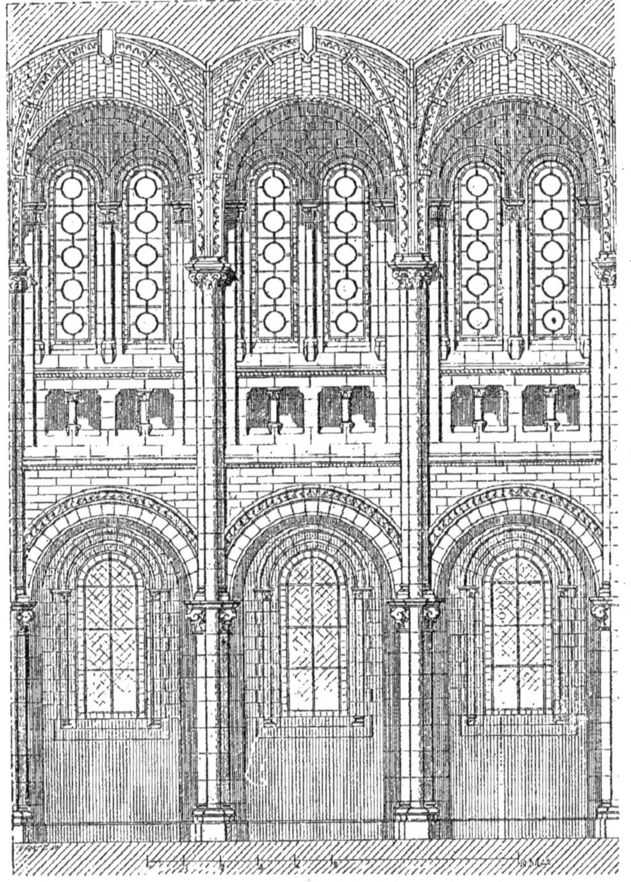

Fig. 1. — Travées de la nef.

par les rues Julien-Lacroix, Eupatoria et Étienne-Dolet. Le projet avait été étudié par l'administration de l'ancienne commune de Ménilmontant réunie à Paris, en 1860, où elle forme une partie du XX° arrondissement. Elle était destinée à desservir une paroisse d'une population d'environ 40,000 âmes et à remplacer une chapelle élevée en 1823, depuis longtemps reconnue insuffisante.

Un perron de cinquante marches rachète la différence de niveau entre le sol de l'église et celui de la rue Ménilmontant, principale voie d'accès du quartier. Cette différence de niveau a permis d'établir en sous-sol, ou plutôt au rez-de-chaussée, une chapelle de catéchismes précédée d'un vestibule avec entrée directe sur l'extérieur, deux logements de suisse et de sacristain, et un passage couvert pour les voitures.

En outre, une grande crypte réservée aux cérémonies funèbres a été réservée sous le chevet.

La façade principale est placée dans l'axe de la rue Étienne-Dolet. Un clocher surmonté d'une flèche en pierre accuse l'axe de la nef.

A l'intérieur (fig. 1) un grand porche précède la nef. Au-dessus est le buffet d'orgue divisé en deux parties de façon à laisser apparente la rosace de la façade. Des bas côté et des chapelles latérales accompagnent la nef. Au delà du transept sont le chœur et trois grandes chapelles formant le chevet.

Les sacristies ont un grand développement et continuent les saillies du transept sur les faces latérales.

L'architecture du monument rappelle les monuments du moyen âge (XIIIe siècle). La disposition la plus originale de l'édifice est celle adoptée pour la construction des voûtes dans lesquelles le fer a remplacé la pierre : les arcs-doubleaux et diagonaux sont en fer laissé apparent, et les remplissages occupés par une maçonnerie de moellons piqués et jointoyés.

Les murs sont en pierre de taille et moellons piqués.

Les travaux ont été commencés en 1863. En 1869, une partie de l'église a pu être livrée au culte; mais, par suite des événements de 1870 et 1871, l'édifice n'a pu être complètement terminé qu'en 1880.

La surface couverte est de 3,000 mètres environ.

La dépense totale s'est élevée au chiffre de 2,600,000 francs.

Le mètre carré de surface couverte revient donc à environ 870 francs.

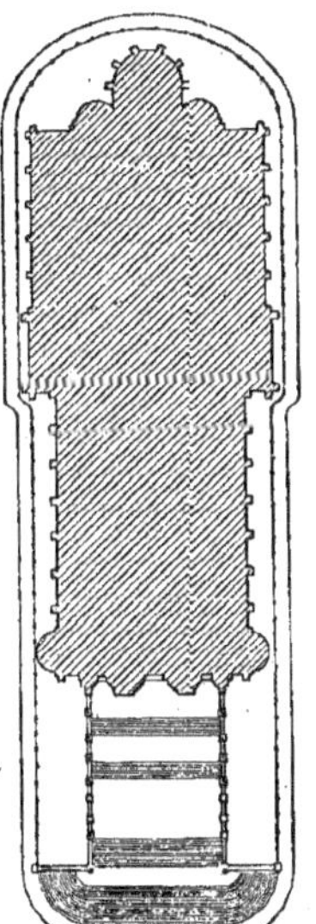

Fig. 2. — Plan d'ensemble.
(Échelle de 0,001.)

ÉGLISE SAINT-PIERRE DE MONTROUGE

VAUDREMER O*, ARCHITECTE

PL. I à IV

L'église Saint-Pierre de Montrouge occupe un terrain triangulaire situé à l'intersection des avenues du Maine et d'Orléans, ancienne commune du Petit-Montrouge réunie à Paris en 1860 où elle forme une partie du XIVe arrondissement.

La configuration de ce terrain, son peu de profondeur, son exiguïté sur la face et son développement vers la partie postérieure, ont servi de point de départ aux dispositions adoptées.

La bissectrice de l'angle formé par la rencontre des deux voies latérales a été prise comme axe longitudinal du nouvel édifice, et les pignons de la nef et des bas côtés ont été avancés vers le carrefour jusqu'à la rencontre de ces deux voies. Le clocher et le porche ont été placés en avant, dans l'espace laissé libre entre les pignons des bas côtés et le pan coupé qui limite le plan. La nef et les bas côtés se sont étendus dans la partie étroite du terrain, tandis que le transept a pu prendre un grand développement grâce à l'accroissement de largeur que le terrain avait en cet endroit. Le chœur, disposé à la rencontre de la nef et du transept, est isolé, grâce à un passage réservé tout autour; le maître-autel n'interrompt pas la circulation et rend possible l'accès des chapelles du chevet, même pendant le cours des cérémonies.

Deux grandes sacristies, l'une pour les prêtres, l'autre pour les mariages, occupent l'extrémité de chacun des bas côtés. Près des deux petites chapelles de l'abside sont disposées des sacristies secondaires pour les enfants de chœur et divers services; des portes ouvertes directement sur l'extérieur rendent chacun de ces services indépendant.

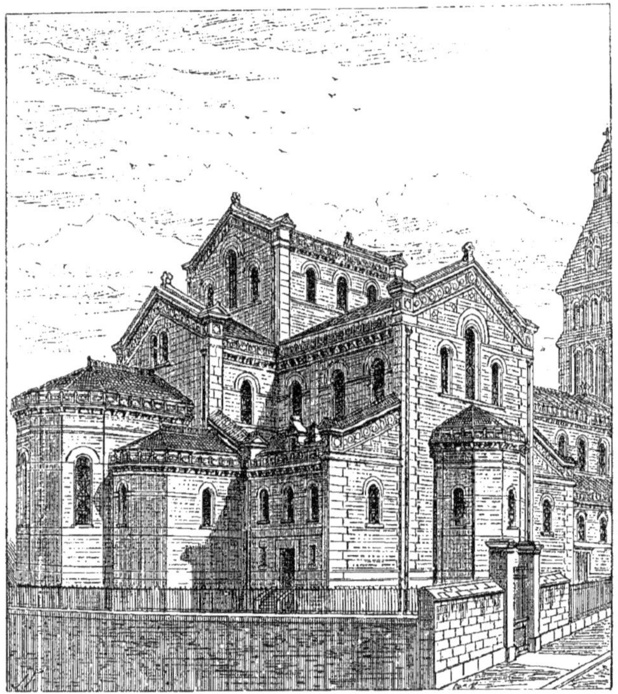

Fig. 1. — Vue perspective de l'abside.

La crypte sert de chapelle de catéchisme, elle a son accès principal par un escalier situé sous le chœur.

La circulation n'est pas possible tout autour de l'église, et des constructions particulières obstruent le passage du côté de l'abside (fig. 1).

L'église Saint-Pierre rappelle la disposition générale et le caractère des premières basiliques chrétiennes.

Toutes les fondations sont en meulières sur béton. Le clocher est en roche de Crouy dans les parties inférieures; en roche de la plaine, jusqu'au premier bandeau et en banc franc pour les parties supérieures. La flèche est en vergelé. La première assise des faces extérieures, les appuis des fenêtres, les socles, les chaînes, bandeaux et corbeaux sont en banc royal ou en banc franc. Tous les remplissages sont en moellons piqués.

A l'intérieur, les colonnes sont en granit de Vire, les bases en pierre de Comblanchien, les chapiteaux en liais de Morlay; les colonnes de l'entrée du chœur en pierre polie de Mereville, l'entourage du chœur, le cyborium et les autels en pierre de Tercé. — La couverture est en tuile à emboîtement.

Toute la charpente, apparente à l'intérieur, est en sapin rouge. Cette charpente est peinte. Les portées reposent sur des plates-bandes en fer isolant les bois; à l'extrémité des portées, sont scellées dans le mur des terres cuites ajourées assurant la libre circulation de l'air.

Les grilles, l'appui de communion, les candélabres et les consoles pour les appareils à gaz sont en fonte de fer. — Tout l'ameublement et les lambris sont en chêne ciré.

Toute la construction a été exécutée avec le plus grand soin, les détails d'une excessive simplicité sont remarquables par leur heureuse proportion et par l'étude dont ils ont été l'objet.

Les travaux, commencés en 1864, n'ont été achevés qu'en 1872.

La surface couverte est de 2,126 mètres. La dépense totale s'est élevée au chiffre de 1,883,000 francs. La dépense moyenne par mètre carré de surface couverte est donc de 885 francs environ.

ÉGLISE SAINT-AMBROISE

BALLU C*, ARCHITECTE

Pl. I à IV

L'église Saint-Ambroise s'élève sur le boulevard Voltaire (fig. 1), dans le XIe arrondissement. Elle est

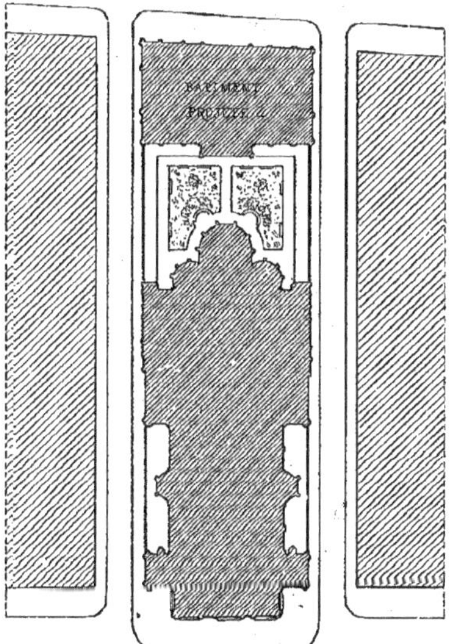

Fig. I. — Plan d'ensemble. (Échelle de 0,001).

isolée de toutes parts et a été construite pour remplacer une ancienne église devenue insuffisante. Un vaste espace a été réservé en arrière, pour recevoir le presbytère dont, jusqu'à présent, la construction a été ajournée.

Un porche précède la nef et les bas côtés séparés en travées étroites et régulières. Les clochers sont placés latéralement et font saillie sur les bas côtés; ils sont surmontés de flèches en pierre.

Au delà du transept, s'ouvre le chœur accompagné des sacristies, et suivi de trois chapelles à pans coupés formant l'abside.

Les travées de la nef comprennent les arcs faisant communiquer la nef avec les bas côtés; au-dessus,

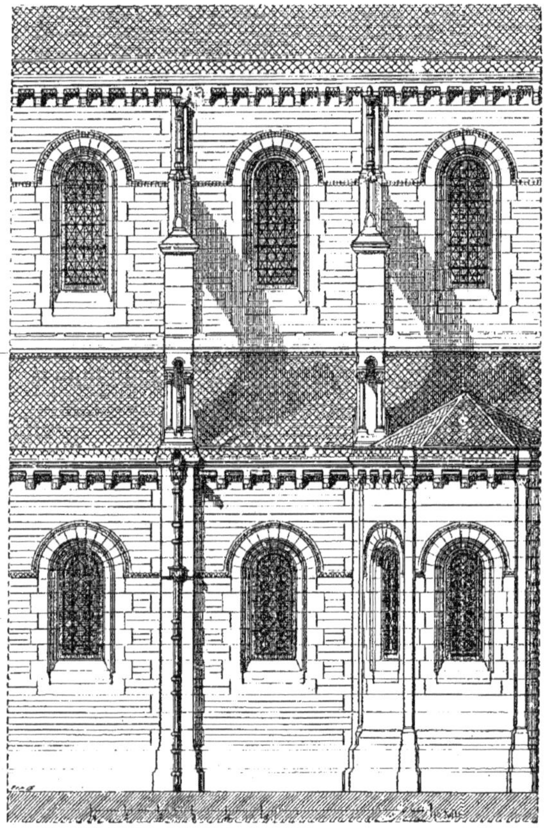

Fig. 2. — Travées extérieures.

un triforium ouvert dans le comble des bas côtés est surmonté de fenêtres éclairant directement la nef. Cette même disposition se retrouve à l'intérieur et accuse successivement le mur d'enceinte des bas côtés, le comble qui les recouvre et le mur d'enceinte de la nef (fig. 2).

La coupe transversale (fig. 3) indique le principe général de la construction et le système employé pour contre-buter les voûtes et assurer leur stabilité. La construction est très simple, les points d'appui sont en pierre, tous les remplissages des murs et des voûtes en moellons piqués.

L'architecture de l'église Saint-Ambroise rappelle celle des édifices du moyen âge au XIIe siècle.

Les travaux, commencés en 1863, ont été achevés en 1869.

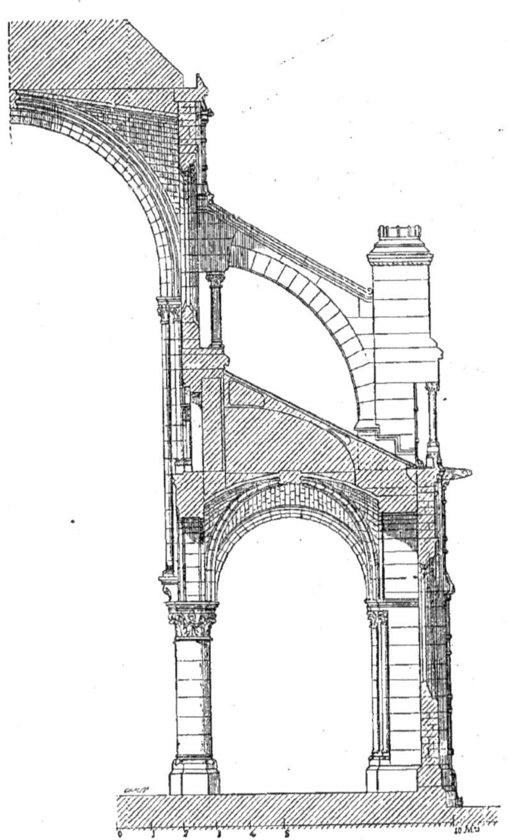

Fig. 3. — Demi-coupe transversale.

La surface totale du terrain, compris l'emplacement réservé pour le presbytère, est de 4,500 mètres environ; celle occupée et couverte par l'église est de 2,900 mètres.

La dépense totale s'est élevée à la somme de 2,117,000 francs.

Le mètre carré de surface couverte revient donc à environ 730 francs.

ÉGLISE SAINT-JOSEPH

BALLU, C. ✻, ARCHITECTE

Pl. I à III

L'église Saint-Joseph est située dans le XIe arrondissement; elle occupe le centre d'une place formée par les rues Deguerry, Darboy et la rue Saint-Maur en bordure de laquelle s'élève sa façade principale. Elle a remplacé une chapelle provisoire construite rue Corbeau, X^e arrondissement, qui était devenue insuffisante. Elle se trouve au centre d'un quartier exclusivement habité par la classe ouvrière, et son caractère simple et modeste est en rapport avec la condition des fidèles appelés à la fréquenter.

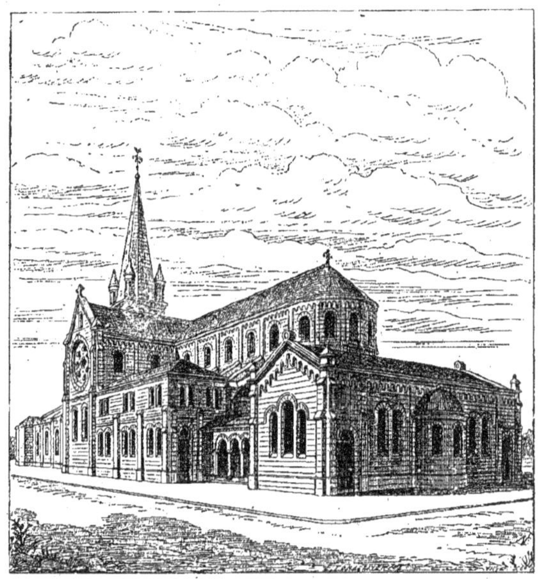

Fig. 1. — Vue perspective de l'abside.

Le plan est très simple, il se compose d'un porche, à l'entrée, au-dessus, la tribune de l'orgue; puis l'étage de l'horloge et celui du beffroi surmonté d'une flèche en pierre.

Le clocher est unique et placé dans l'axe de la nef. La nef est accompagnée de larges bas côtés avec chapelles latérales logées dans l'intervalle des saillies des contreforts. Le chœur est suivi de trois chapelles circulaires formant l'abside (*fig.* 1). La chapelle du catéchisme, placée derrière le chevet, en masque les parties inférieures. — La maçonnerie est en pierre de taille et moellons piqués. Les colonnes de la nef sont en pierre de Soignies (Belgique).

Le projet primitif avait indiqué des arcs-boutants destinés à maintenir la poussée des voûtes. Ces arcs-boutants apparents ont été supprimés et remplacés par des arcs logés sous les combles des bas côtés dont ils supportent la charpente. Cette solution est bien préférable, plus économique et plus raisonnée.

Les dispositions architecturales de l'église et de son mobilier (fig. 2) rappellent celles des églises du moyen âge, XIIe siècle; il faut aussi signaler les points de rapport qui existent entre l'église Saint-Ambroise et l'église Saint-Joseph, toutes deux, du reste, œuvre du même architecte.

Les travaux ont été commencés en août 1866 et, après une longue interruption à la suite des événements de 1870, définitivement achevés en 1875. La surface couverte par les constructions est de 2,900 mètres. La dépense effectuée par l'ensemble des travaux a été ainsi répartie :

Terrasse et maçonnerie	841.311 fr.
Charpente	84.832
Serrurerie	85.842
Couverture et plomberie	66.713
Menuiserie	27.752
Peinture	10.161
Fumisterie	19.857
Plantations, égouts	23.602
Vitraux, bronzes, sculptures, peintures décoratives, ameublement	250.651
Orgue, horloge, cloche	50.911
Frais d'agence	66.572
Total	1.529.204 fr.

Le mètre carré de surface couverte est donc revenu en moyenne à 530 francs environ.

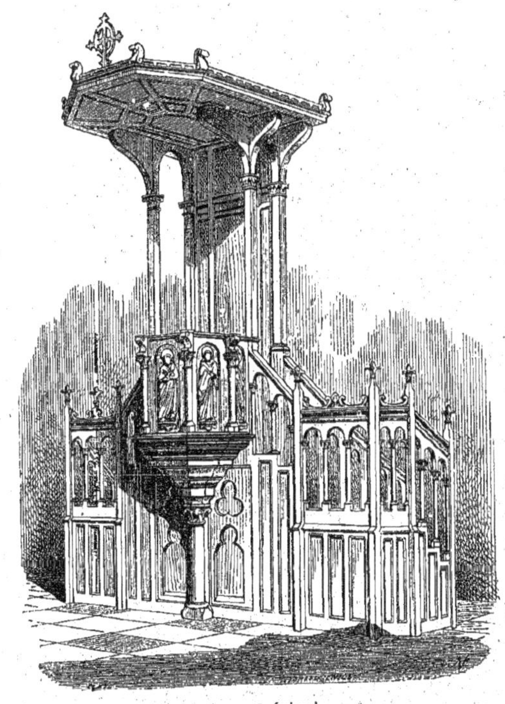

Fig. 2. — Confessionnal.

ÉGLISE NOTRE-DAME-DES-CHAMPS

GINAIN, ✻, ARCHITECTE

Pl. I à III

L'église Notre-Dame-des-Champs s'élève sur l'emplacement d'une ancienne maison de pères Maristes; elle est isolée sur toutes ses faces et entourée par les rues Stanislas, la rue et le boulevard du Montparnasse. Elle remplace une chapelle en bois qui existait rue de Rennes.

La façade principale est en bordure du boulevard du Montparnasse; le clocher se trouve, comme dans les églises de la renaissance italienne, isolé, pour ainsi dire, du reste de l'édifice et reporté près du chevet, sur la façade latérale de droite longeant la rue Stanislas.

Trois portes principales donnent accès dans la nef et les bas côtés. Les sacristies continuent les saillies du transept, et au-dessous de la partie postérieure se trouve une crypte servant pour la salle des catéchismes et diverses autres dépendances de service. L'abside circulaire est occupée par la chapelle de la Vierge.

Les moyens les plus économiques ont été employés pour la construction. Les soubassements, les colonnes, points d'appui et arcs seuls sont en pierre; tous les remplissages des murs sont en moellons piqués. Les voûtes sont formées d'une ossature en fer avec des poteries dans les intervalles.

Les travaux, commencés en 1867, ont été interrompus par les événements de 1870, et terminés seulement en 1876, époque à laquelle l'église a été livrée au culte. Toute la partie décorative de l'édifice qui figurait au projet a été supprimée par économie.

La surface couverte de l'église Notre-Dame-des-Champs est de 2,100 mètres environ.

La dépense effectuée s'est élevée à 1,730,000 francs.

Le mètre carré de surface couverte est donc revenu à près de 825 francs.

ÉGLISE NOTRE-DAME D'AUTEUIL

VAUDREMER, O. ✻, ARCHITECTE

Pl. I à V

L'église Notre-Dame d'Auteuil occupe, dans le XVIe arrondissement, une place ayant la forme d'un rectangle allongé, limité au nord par la rue de la Municipalité, à l'est et à l'ouest par la rue Latérale et la rue Wilhem, au sud par la rue François-Girard prolongée.

Suivant les conditions du programme de l'administration, cet édifice devait être construit avec la plus stricte économie. La configuration du terrain, son exiguïté, et la pente excessivement rapide des rues Wilhem et Latérale qui descendent vers la Seine, ont déterminé l'adoption des dispositions générales suivantes :

Une ligne placée à égale distance des rues Wilhem et Latérale a été prise comme axe longitudinal de l'édifice. Le porche sur la rue de la Municipalité, et l'abside sur la rue François-Girard prolongée, forment la limite extrême du terrain dans sa grande largeur.

En arrière, toute la largeur du terrain a été utilisée pour donner au transept le plus grand développement possible.

Le chœur, placé à la rencontre de la nef et du transept, est isolé de façon à ne pas interrompre la circulation des bas côtés dont l'extrémité est fermée par une chapelle.

La déclivité du sol a rendu nécessaire, du côté de l'abside, un soubassement très élevé, dans lequel une crypte a pu être ménagée. On y pénètre par des degrés placés derrière le chœur et se prolongeant sous le sol de la chapelle de la Vierge.

Au niveau de la crypte se trouvent également la sacristie des chantres et des enfants de chœur, le caveau provisoire, le logement du sacristain et divers services accessoires.

Le campanile qui surmonte la façade est couronné par une flèche en pierre. La porte principale de l'église est abritée par un porche.

Les murs de la nef sont portés sur des arcs les mettant en communication avec les bas côtés. Ces bas côtés ont la même longueur que la nef et, près du clocher, sont terminés par des chapelles.

Toutes les fondations sont en meulière sur rigoles en béton. La partie en élévation, jusqu'au premier bandeau, est en pierre de Lérouville, avec remplissage en moellons de roche de la plaine. Au-dessus, les piles intérieures, la chaîne et le campanile sont seuls en pierre; tout le reste de la construction est en moellons piqués.

Les travaux, commencés en 1877, ne sont pas encore achevés.

La dépense évaluée au devis était de 1,000,000 de francs environ.

PRESBYTÈRE DE L'ÉGLISE SAINT-NICOLAS-DU-CHARDONNET

V. CAILLAT, ✲, ARCHITECTE

Pl. I et II

Le presbytère de l'église Saint-Nicolas-du-Chardonnet est situé près de l'église du même nom ; il a son accès sur le boulevard Saint-Germain. Des boutiques louées à des particuliers occupent la partie du rez-de-chaussée en bordure du boulevard ; le reste renferme la loge du concierge et les services accessoires.

Le bâtiment est élevé, sur caves, d'un rez-de-chaussée, trois étages carrés et un étage sous-comble. Ces divers étages sont divisés en logements pour le curé et les vicaires. Des escaliers distincts desservent ces logements.

La construction est en pierre de taille, et l'ensemble n'offre de dispositions particulières à signaler que la galerie qui, au rez-de-chaussée et au premier étage, dessert les principaux services.

Le presbytère Saint-Nicolas a été construit en 1869.

PRESBYTÈRE DE L'ÉGLISE DE LA TRINITÉ

BALLU, C. ✻, ARCHITECTE

Pl. I et II

A l'époque de la transformation du quartier Saint-Lazare, de grandes bandes de terrain furent réservées de chaque côté de l'église de la Trinité, et aliénées à des particuliers à la charge par eux d'élever sur ces terrains des constructions symétriques dont la façade leur était donnée.

Un des lots de ces terrains, situé près du chevet de l'église, à l'angle de la rue de Clichy, fut destiné à recevoir le presbytère, dont l'aspect extérieur est, par suite de ces considérations, semblable à celui des maisons voisines. Les distributions intérieures comprennent, au rez-de-chaussée, des boutiques louées par la ville à des particuliers, et, aux étages, les logements du curé et des vicaires.

Les travaux ont été exécutés en 1866 et 1867.

TEMPLE PROTESTANT DE GRENELLE

GODEBOEUF, ✻, ARCHITECTE

Pl. I

Le temple protestant de Grenelle s'élève en bordure de la rue Quinault, dans le XVe arrondissement ; il sert d'annexe à un groupe scolaire comprenant une école de garçons, une école de filles et une salle d'asile.

Par suite de l'exiguïté du terrain, on a dû utiliser, au rez-de-chaussée et au premier étage, l'emplacement des classes, et installer des tribunes supplémentaires qui peuvent être réunies au temple. Les arcs du

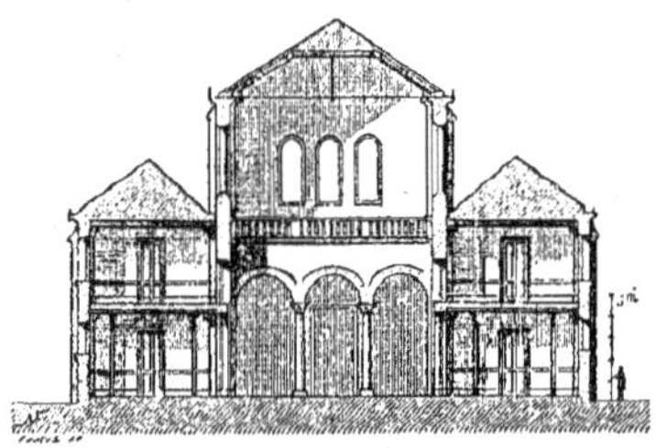

Fig. 1. — Coupe transversale.

temple (fig. 1) sont, à cet effet, garnis de châssis en menuiserie qu'on ouvre les jours de grandes cérémonies.

L'église et le groupe scolaire occupent une surface totale de 941 mètres ; 741 sont couverts par les constructions et 197 forment les cours. La dépense s'est élevé à la somme de 240,000 francs.

Les travaux, commencés en 1868, ont été achevés en 1871.

TEMPLE PROTESTANT, RUE JULIEN-LACROIX

VAUDREMER, O. *, ARCHITECTE

Pl. I à III

Le temple protestant, dit Julien-Lacroix, s'élève en bordure de la rue Julien-Lacroix, XXe arrondisse-

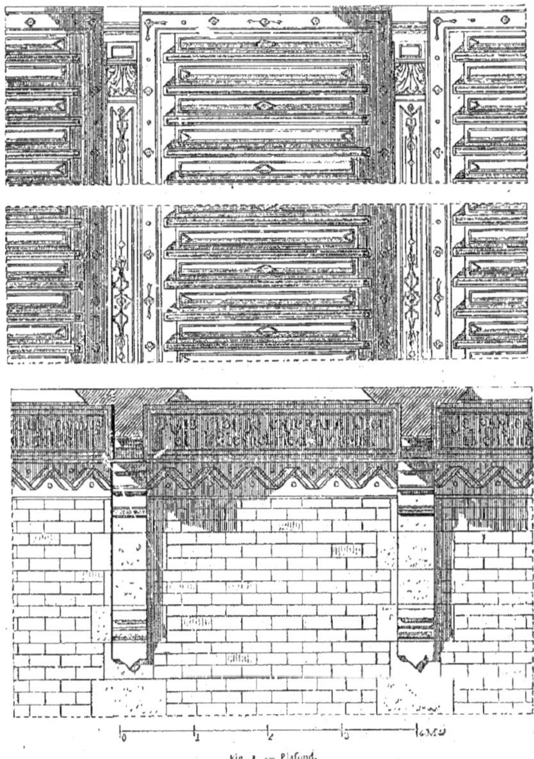

Fig. 1. — Plafond.

ment. Il comprend un porche, un vestibule et une nef qui contient la chaire du pasteur. Au-dessus du porche est une tribune. Les deux parties, à droite et à gauche, du temple proprement dit, forment deux ailes : celle de droite comprend, au rez-de-chaussée, une salle de distribution de secours et l'escalier de la tribune. Le premier étage est occupé par une salle de dépôt.

L'aile de gauche renferme le logement du concierge et, dans le sous-sol, les appareils de chauffage.

A la partie postérieure, en arrière de l'hémicycle, sont disposés le cabinet du pasteur, la salle des catéchumènes et des privés.

Un passage, établi sous la chaire, met en communication ces diverses parties.

Les matériaux employés sont la pierre et le moellon piqué. La charpente du plafond (*fig.* 1) est apparente; les maîtresses poutres reposent sur des supports en pierre placés en encorbellement.

Cet édifice, construit avec une grande économie, a donné lieu à une dépense s'élevant à environ 175,000 francs.

Les travaux, commencés en octobre 1877, ont été achevés en 1880.

SYNAGOGUE, RUE DES TOURNELLES

VARCOLLIER, ARCHITECTE

Pl. I à III

La synagogue de la rue des Tournelles s'élève (fig. 1) sur les terrains occupés autrefois par les bâtiments et le jardin de l'ancien hôtel Dangeau, rue Ragot et rue des Tournelles [1].

La partie conservée des anciens bâtiments a sa façade sur la place des Vosges; ils sont affectés à l'habitation du grand rabbin de France [2].

La synagogue proprement dite a sa façade sur la rue des Tournelles; elle se compose d'une large nef (21 mètres de largeur) terminée par un sanctuaire demi-circulaire. En arrière, sont ménagés les vestiaires du rabbin et des chantres.

Quatre escaliers, placés aux angles de l'édifice, desservent les deux étages des tribunes et l'habitation du grand rabbin.

Du côté de l'entrée principale se trouvent un vestibule (*fig.* 2), une salle de réunion pour les mariages et un logement pour le gardien.

Au-dessus du vestibule, existe un grand amphithéâtre réservé aux femmes, ainsi que le premier étage des tribunes latérales. Le rez-de-chaussée et la tribune supérieure sont exclusivement réservés aux hommes.

Le nombre total des places, portant chacun un numéro, est de 1,340 environ :

Rez-de-chaussée.	600	hommes.
Tribune supérieure.	280	
Tribune du premier étage.	460	femmes.

La disposition générale de l'édifice se compose de la façade sur la rue des Tournelles, des murs d'enceinte, et d'une ossature métallique intérieure supportant deux rangs de tribunes superposées, entièrement en fer et fonte laissés apparents. Les piles inférieures sont des monolithes en pierre sur lesquels

1. Cet hôtel a appartenu, en dernier lieu, à Mr de Villedeuil, maître des requêtes sous Louis XVI; il l'a habité jusqu'au moment de l'émigration. Devenu propriété nationale, l'hôtel a, jusqu'en 1860, été occupé par la mairie du VIIIe arrondissement.

2. Ce dignitaire est le chef religieux de la communauté israélite pour toute la France.

prennent naissance de longues colonnes en fonte décorée, reliées aux arcs en métal; ces arcs forment le

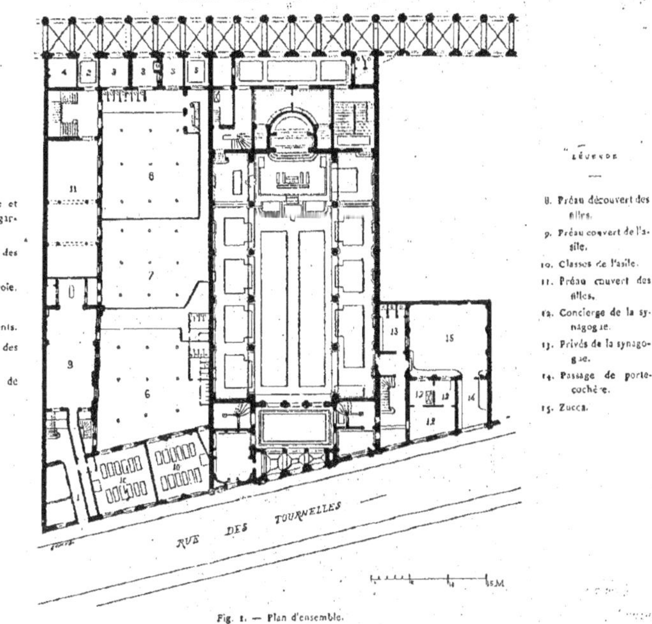

LÉGENDE

1. Entrée de l'asile et de l'école des garçons.
2. Entrée de l'école des filles.
3. Concierge de l'école.
4. Parloir.
5. Entrée des logements.
6. Préau découvert des garçons.
7. Préau découvert de l'asile.

LÉGENDE

8. Préau découvert des filles.
9. Préau couvert de l'asile.
10. Classes de l'asile.
11. Préau couvert des filles.
12. Concierge de la synagogue.
13. Privés de la synagogue.
14. Passage de porte-cochère.
15. Zucca.

Fig. 1. — Plan d'ensemble.

devant des tribunes et se terminent par de grands arcs-doubleaux en fonte ajourée. Les calottes sphériques formant la voûte sont remplies en briques creuses et s'appuient sur ces arcs-doubleaux.

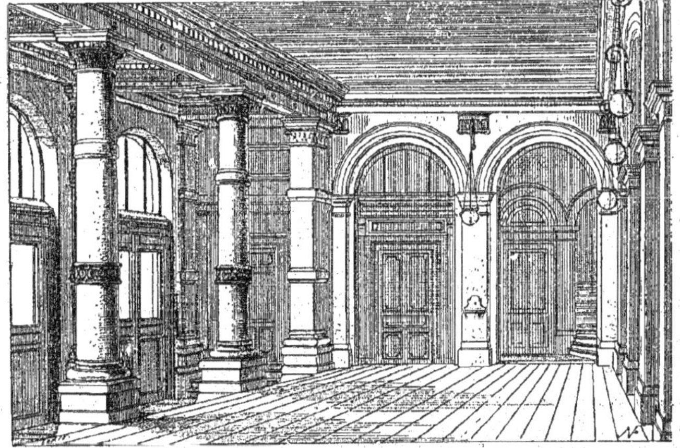

Fig. 2. — Vestibule d'entrée.

Le comble est couvert en zinc et a la forme d'un berceau ; les fermes de ce comble sont en tôles et fers à cornières reliés aux arcs-doubleaux (fig.3). Ce grand vaisseau, placé entre les murs mitoyens de deux propriétés particulières, n'a pu être éclairé latéralement que par des jours pris à une grande hauteur, au-dessus de la deuxième tribune, et par des ouvertures percées au centre des voûtes à travers le comble.

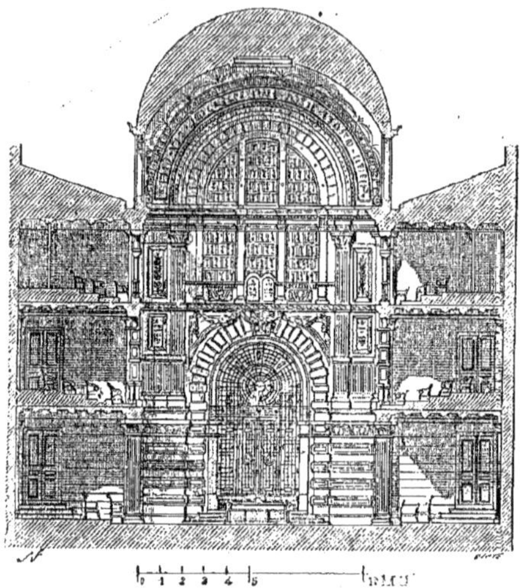

Fig. 3. — Coupe transversale, côté du sanctuaire.

Les appareils à gaz, destinés à l'éclairage, font partie intégrante du monument; ils concourent heureusement à sa décoration, et, dans les grandes cérémonies, assurent une brillante illumination.

La synagogue offre un intéressant exemple de l'emploi du métal dans la construction. La carcasse métallique est partout accusée; elle sert à l'ornementation de l'édifice; aucune partie de fonte ou de fer n'est dissimulée ou cachée dans la maçonnerie; à l'exception des murs d'enceinte, la maçonnerie n'est employée que comme remplissage en briques creuses des voûtes et des planchers.

Les travaux, commencés en 1867, plusieurs fois interrompus, ont été enfin complètement terminés le 15 septembre 1876, jour où la synagogue a été inaugurée à l'occasion des fêtes du nouvel an du rite israélite. Le temple proprement dit occupe une surface totale d'environ 1,000 mètres. Les bâtiments accessoires et la cour intérieure (Zucca) occupent 240 mètres.

Les travaux ont donné lieu à une dépense répartie de la manière suivante :

Terrasse et maçonnerie	360.000 fr.
Serrurerie	250.000
Charpente en bois	25.000
Couverture et plomberie	45.000
Menuiserie (non compris le mobilier)	70.000
Peinture et vitrerie. Sculpture	85.000
Gaz, Mobilier et appareils de chauffage	105.000
Frais d'agence et divers	60.000
Total	1.000.000 fr.
A déduire de ce chiffre la part afférente à l'installation du rabbin	160.000
Reste pour la synagogue	840.000 fr.

La surface couverte revient donc en moyenne à 840 francs le mètre, et la place de chaque fidèle à 626 francs.

SYNAGOGUE, RUE DE LA VICTOIRE

ALDROPHE, O *, ARCHITECTE

Pl. I à IV

La synagogue de la rue de la Victoire s'élève en bordure de la rue de la Victoire, dans le IXe arrondissement.

Elle comprend, outre le temple proprement dit, une maison destinée aux bureaux du consistoire israélite et au logement du grand rabbin de Paris [1]. Cette maison a sa façade et son entrée sur la rue Saint-Georges (fig. 1).

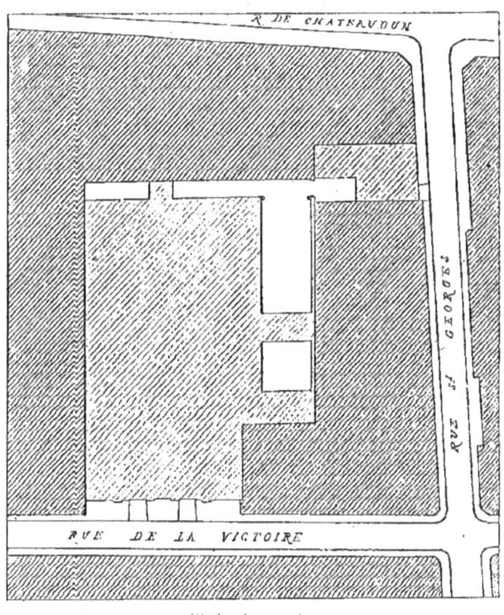

Fig. 1. — Plan d'ensemble.

Le temple proprement dit est disposé conformément aux mêmes données générales que celui de la rue des Tournelles. La décoration intérieure est très riche; suivant les prescriptions de la religion israélite, toute représentation de figure d'homme ou d'animal en est exclue.

Les travaux de la synagogue, plusieurs fois interrompus, ont été achevés en 1874; mais la maison consistoriale, entreprise plus tard, n'a été achevée qu'en 1877.

La synagogue occupe une superficie totale de 2,400 mètres, dont 2,100 couverts par les constructions.

La dépense totale, y compris terrain et constructions, s'est élevée à la somme de 3,260,000 francs.

Le mètre carré de surface couverte revient donc à 1,557 francs.

1. Chef de la communauté israélite de Paris.

TABLE DES MATIÈRES

ÉDIFICES RELIGIEUX

OUVRAGES ET DOCUMENTS

DONT SONT EXTRAITS LES RENSEIGNEMENTS QUI PRÉCÈDENT

Inventaire des œuvres d'art de la ville de Paris (Paris, Chaix, 1878).

Notes sur l'administration des services et établissements municipaux de la ville de Paris (De Mourgues, 1879, Paris).

Notices sur les objets et documents exposés par les divers services de la ville de Paris (Chaix, 1878, Paris).

Encyclopédie d'architecture, 1re série, 1862.

Encyclopédie d'architecture, 2e série.

Notes manuscrites de MM. Magne, Baltard, Uchard, Héret, Vaudremer, Varcollier.

Monographie de l'église de la Trinité (Paris, Dupuis, 1878).

Paris. — Typ. A. Quantin, 7, rue Saint-Benoît.

PARIS

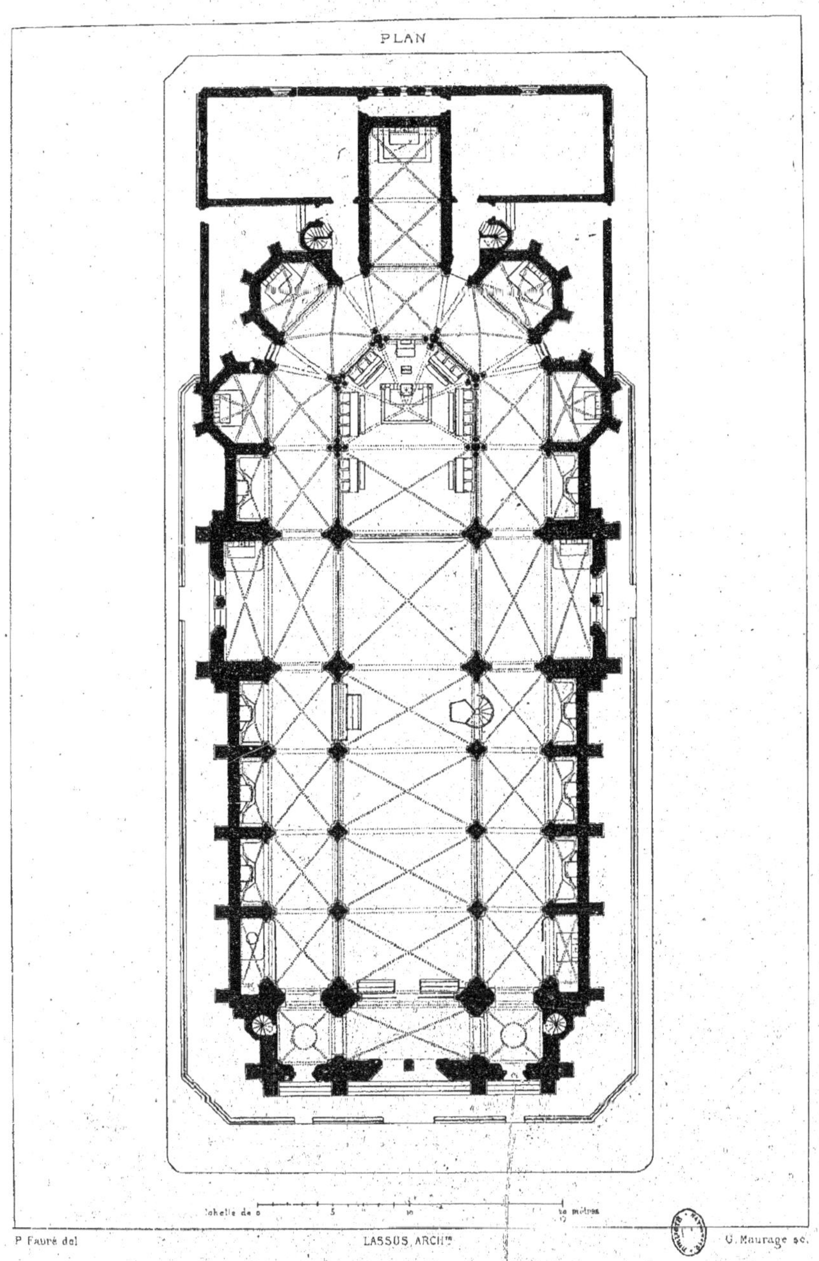

P. Fauré del. LASSUS, ARCH^TE G. Maurage sc.

EGLISE S^T JEAN-BAPTISTE DE BELLEVILLE

I

Ve A. MOREL et Cie Éditeurs. Imp. Lemercier et Cie Paris.

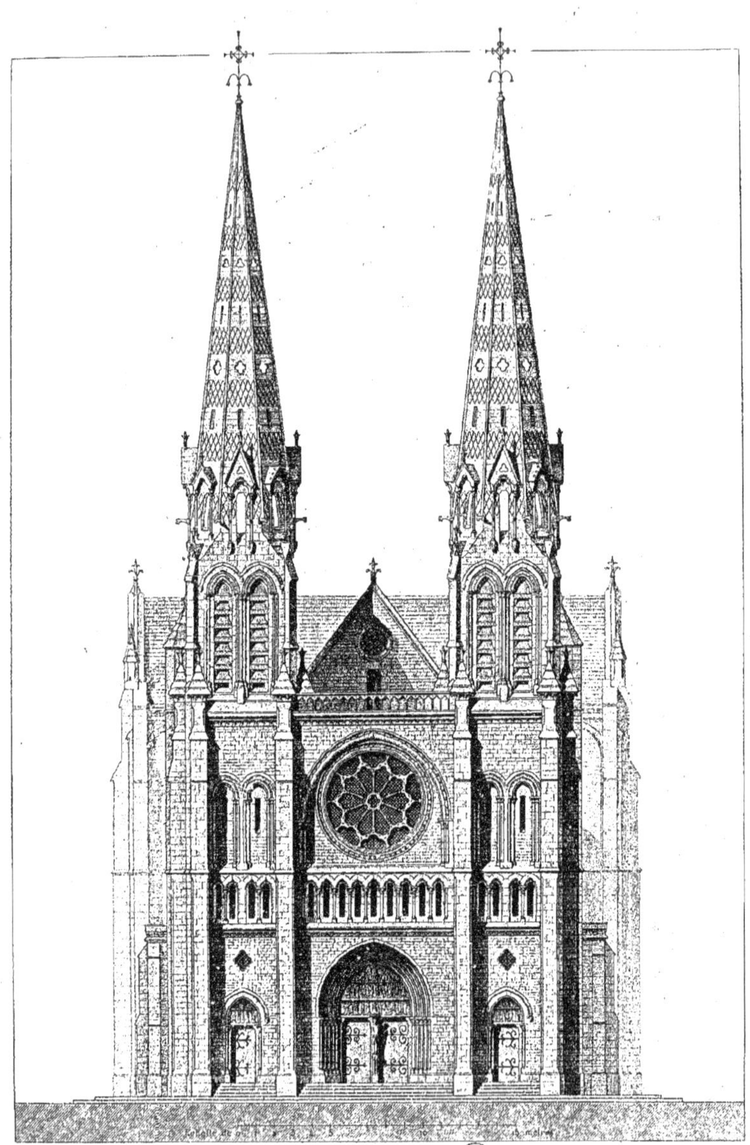

A. Loué del. LASSUS, ARCH^te A. Soudain sc.

ÉGLISE St JEAN BAPTISTE DE BELLEVILLE

FAÇADE PRINCIPALE

II

Ve A. MOREL et Cie Editeurs. Imp. Lemercier et Cie Paris

PARIS

P. Faure del.

Lassus Archte

Adisc Meunier se

EGLISE ST JEAN BAPTISTE DE BELLEVILLE

III

PARIS

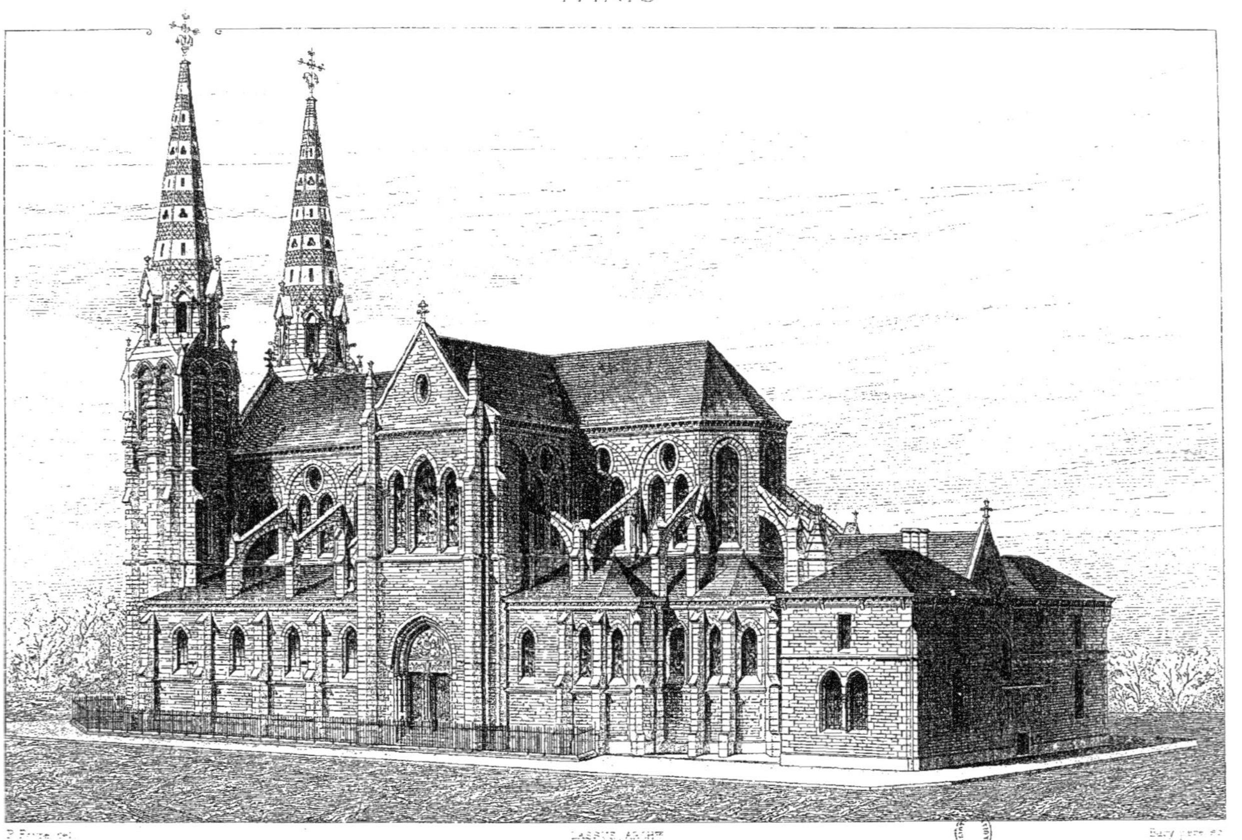

LASSUS, ARCHte

EGLISE St JEAN-BAPTISTE DE BELLEVILLE

IV

PARIS

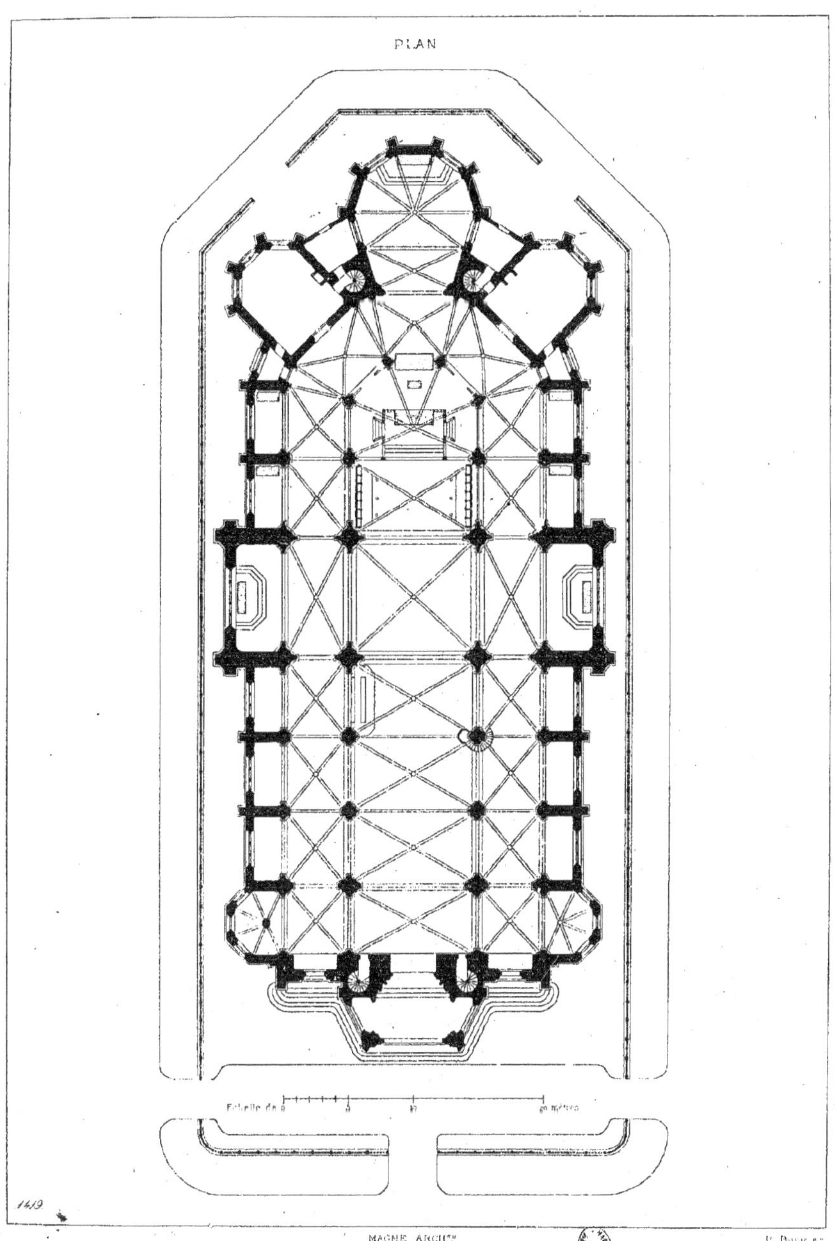

MAGNE, ARCH^te

P. Bury sc

EGLISE SAINT BERNARD

I.

Ve A. MOREL et Cie Editeurs

Imp. Lemercier et Cie Paris.

PARIS

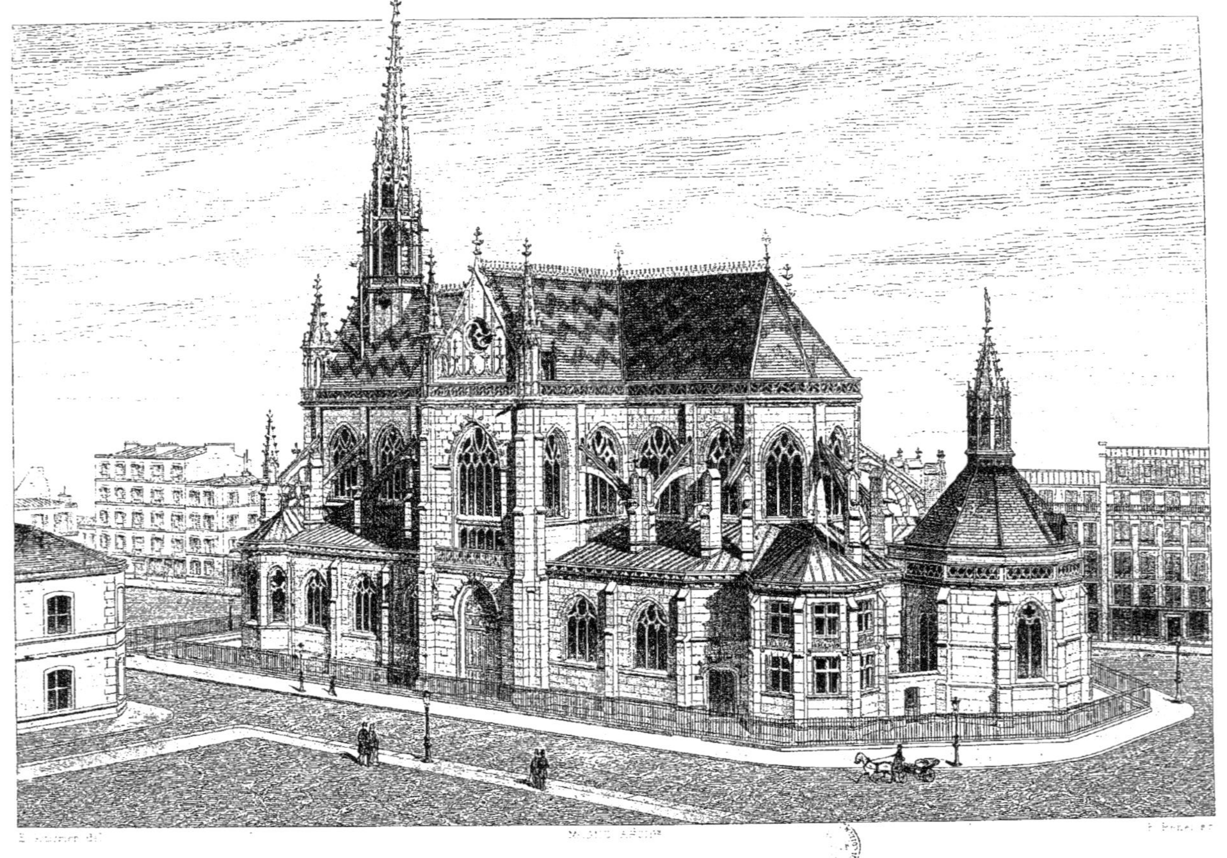

EGLISE SAINT-BERNARD

II

PARIS

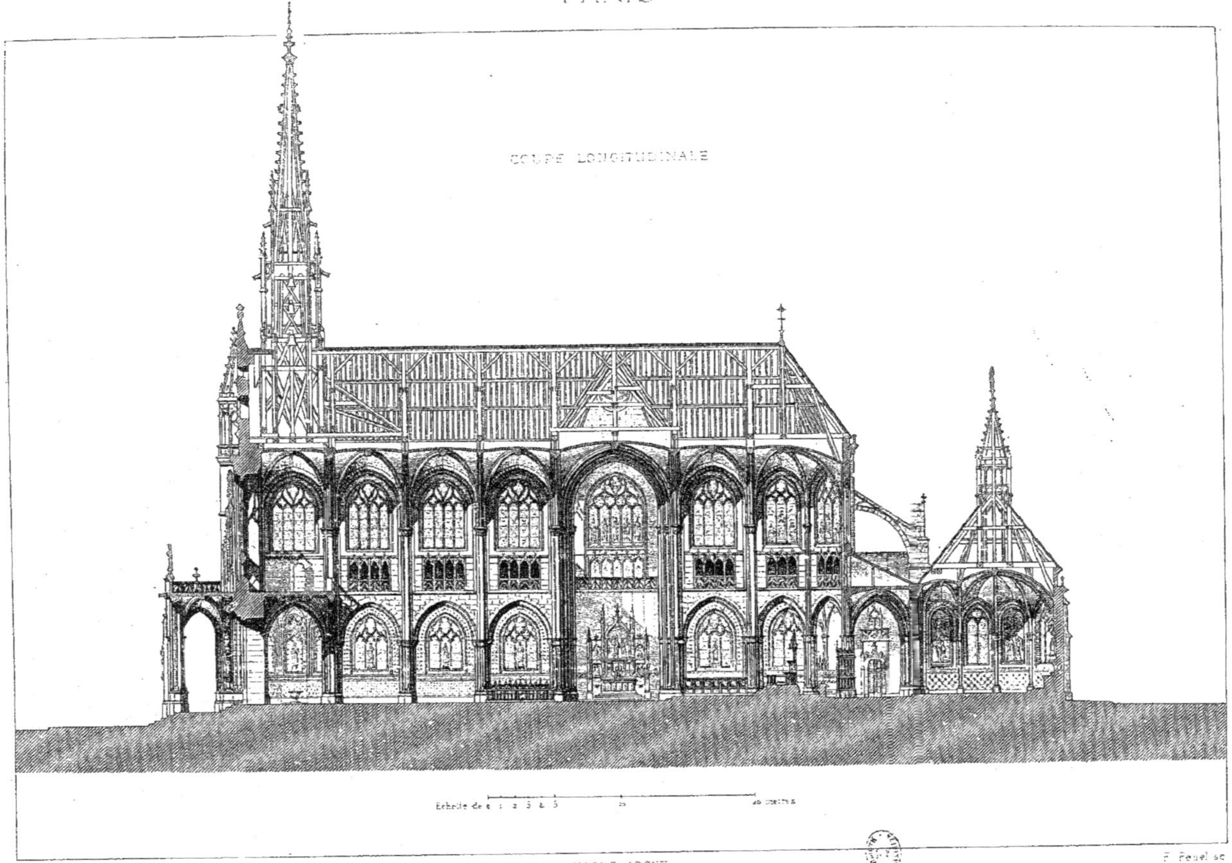

COUPE LONGITUDINALE

Echelle de 0 1 2 3 4 5 — 10 — 20 mètres

E. Gaudinet del.

MAGNE ARCHte

F. Penel sc.

EGLISE SAINT-BERNARD

III.

Vve A. MOREL et Cie Editeurs

Imp. Lemercier et Cie Paris

PARIS

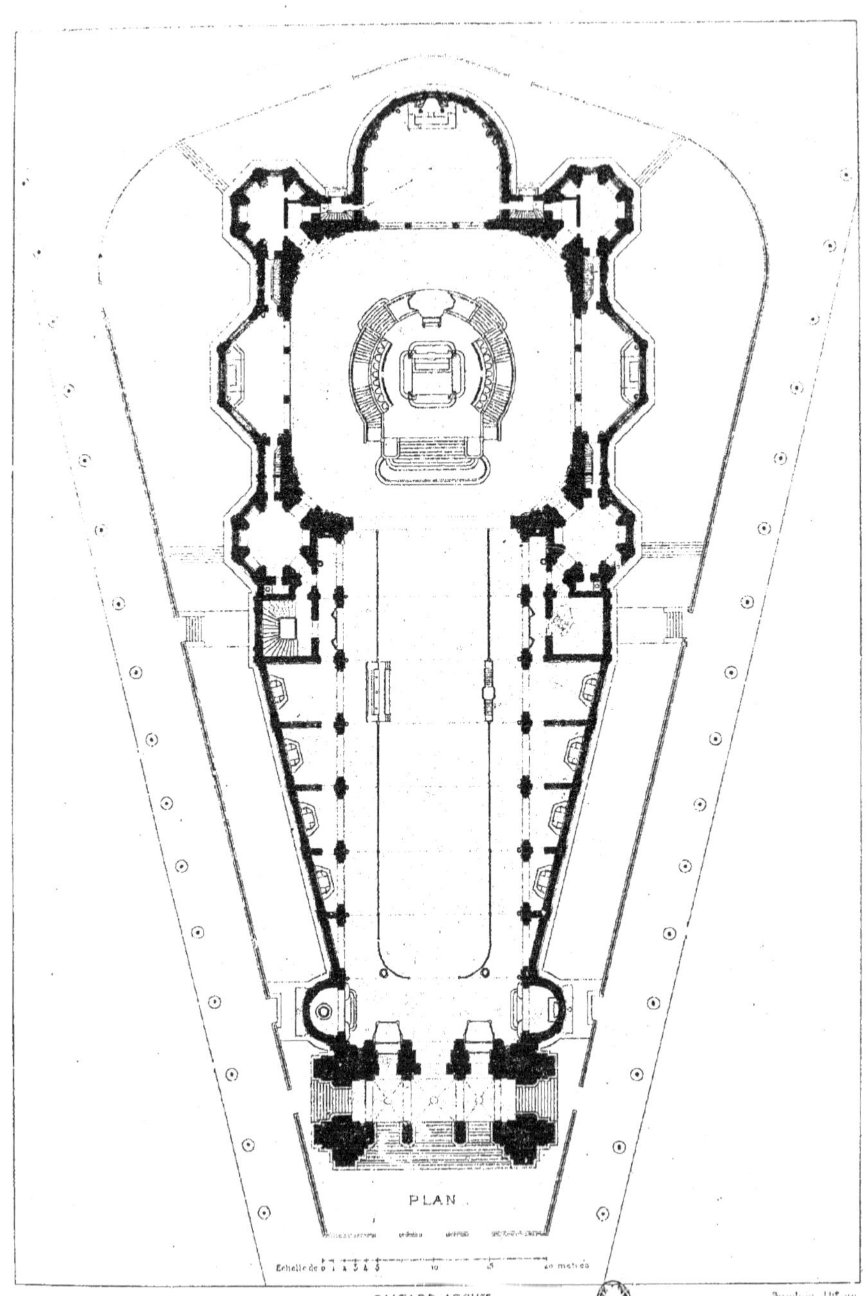

BALTARD, ARCHte

EGLISE SAINT-AUGUSTIN

I.

Vve A. MOREL et Cie Editeurs

Imp. Lemercier et Cie Paris.

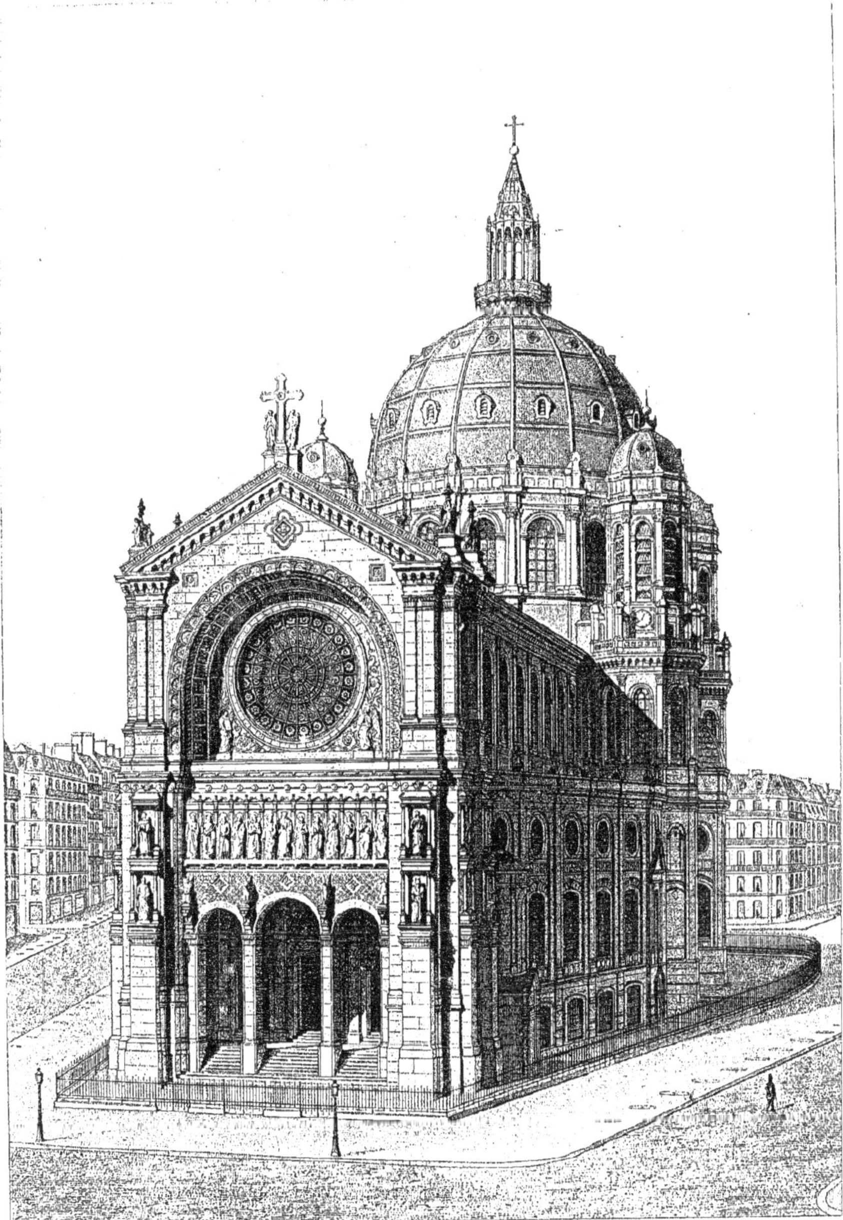

J. Lane del. BALTARD, ARCH^te Allen-Meanard sc.

EGLISE SAINT-AUGUSTIN

FAÇADE PRINCIPALE _ VUE PERSPECTIVE

II.

A. MOREL et Cie Editeurs Imp. Lemercier et Cie Paris

PARIS

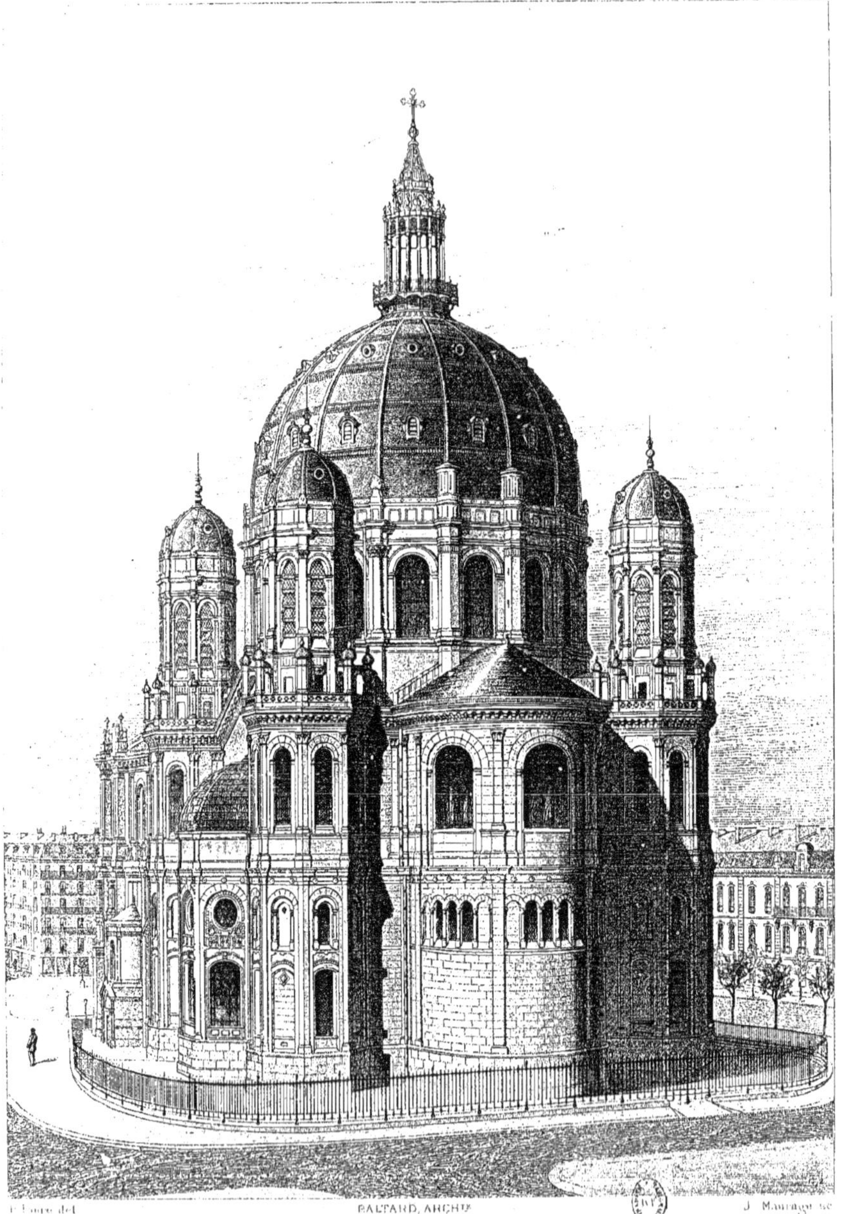

[illegible] del BALTARD, ARCHte J. Maurage sc

ÉGLISE SAINT-AUGUSTIN

ABSIDE — VUE PERSPECTIVE

III.

A. MOREL et Cie Editeurs Imp. Lemercier et Cie Paris

PARIS

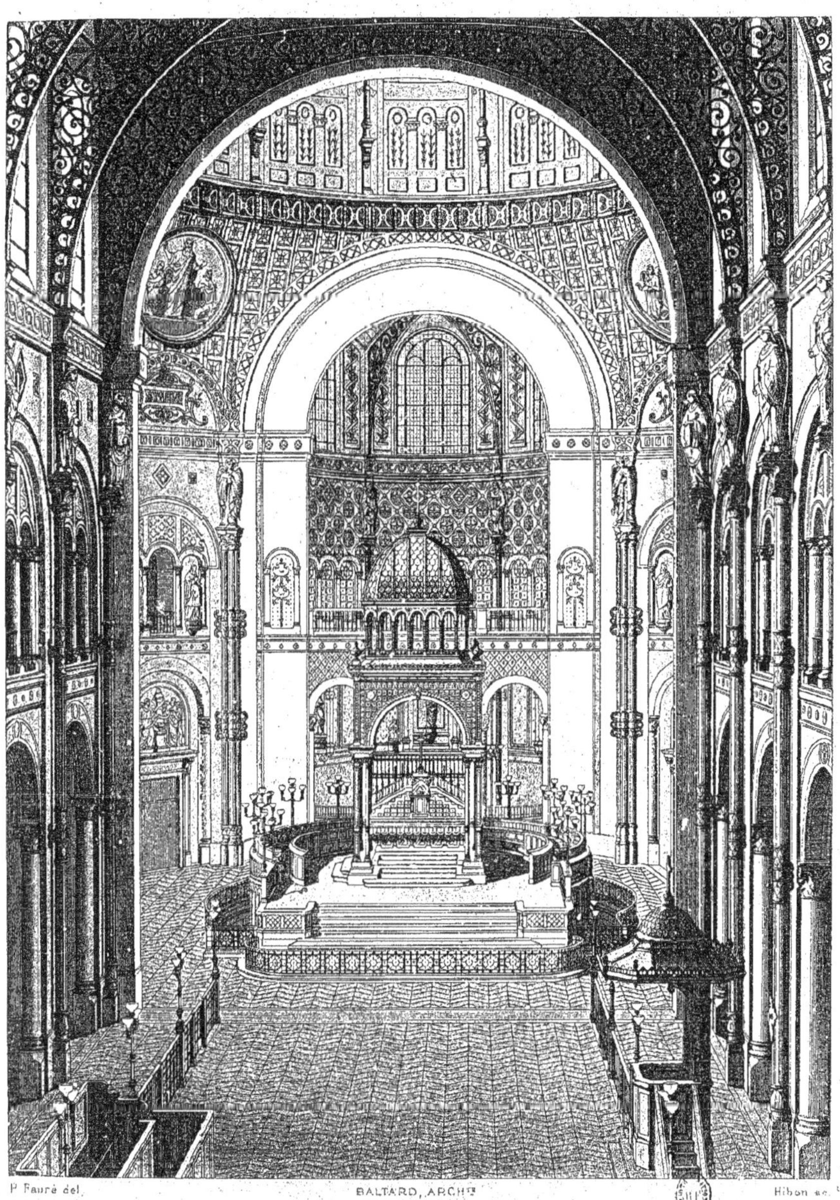

P. Fauré del. BALTARD, ARCHte Hibon sc.

EGLISE SAINT-AUGUSTIN

VUE PERSPECTIVE INTÉRIEURE

IV.

Vve A. MOREL et Cie Editeurs. Imp. Lemercier et Cie Paris

PARIS

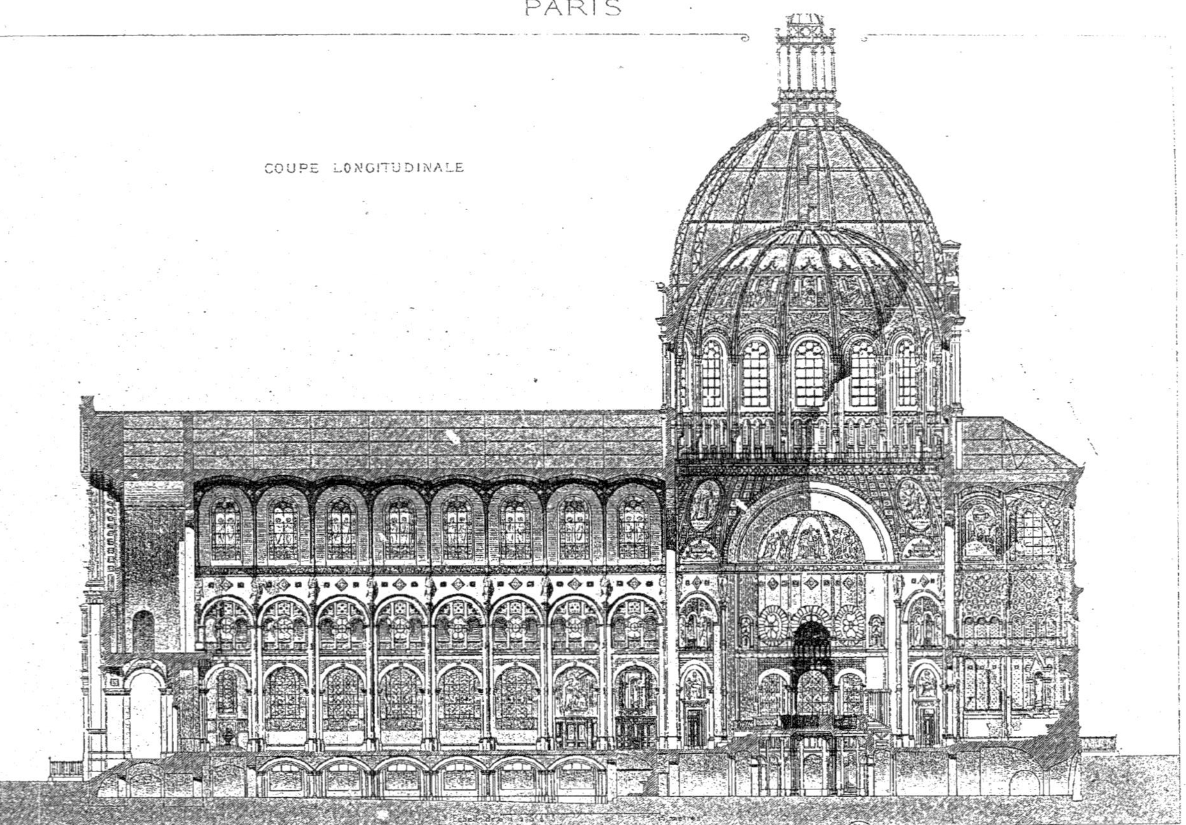

Baltard del. BALTARD, ARCHte Soudain Jne sc

EGLISE SAINT-AUGUSTIN

V.

Vve A. MOREL et Cie Editeurs. Imp. Lemercier et Cie Paris

PARIS

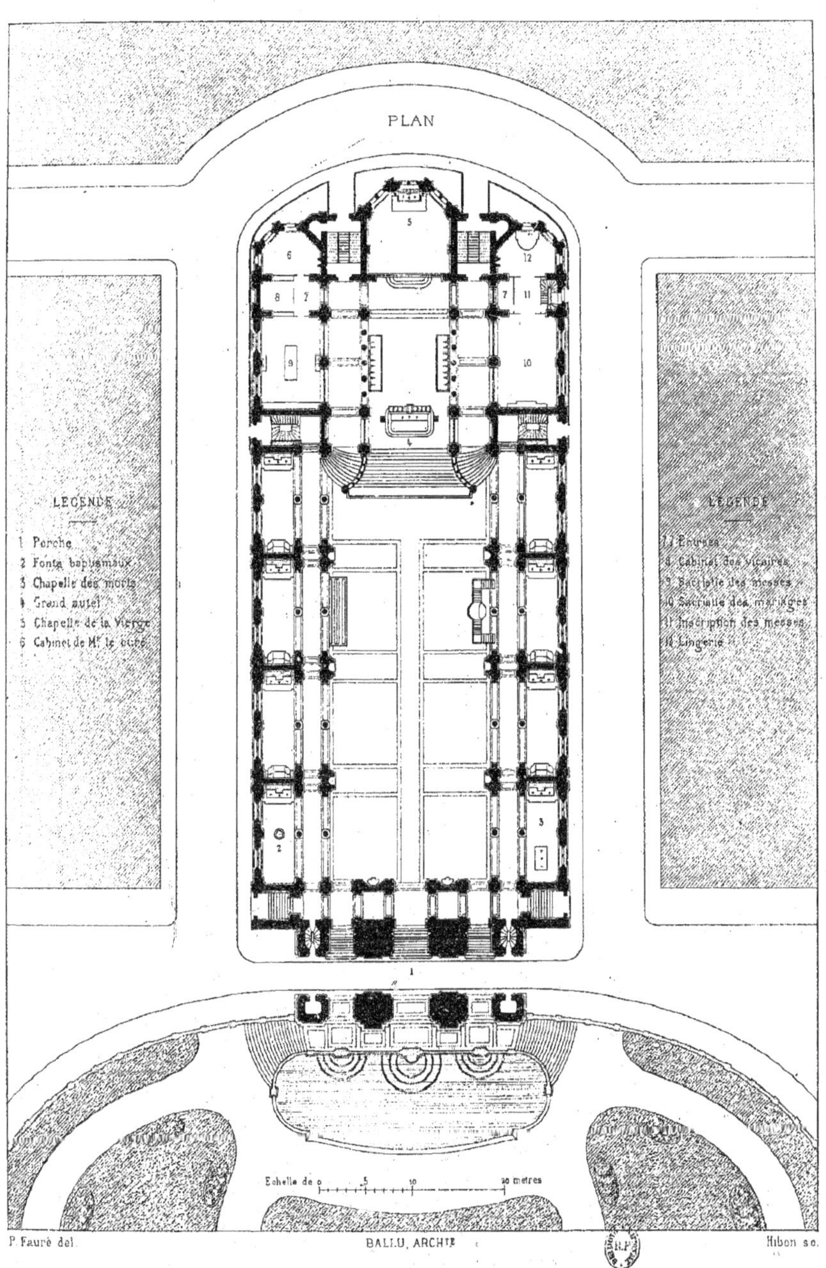

P. Fauré del. BALLU, ARCHte Hibon sc.

EGLISE DE LA TRINITE

I

Ve A. MOREL et Cie Editeurs. Imp. Lemercier et Cie Paris.

PARIS

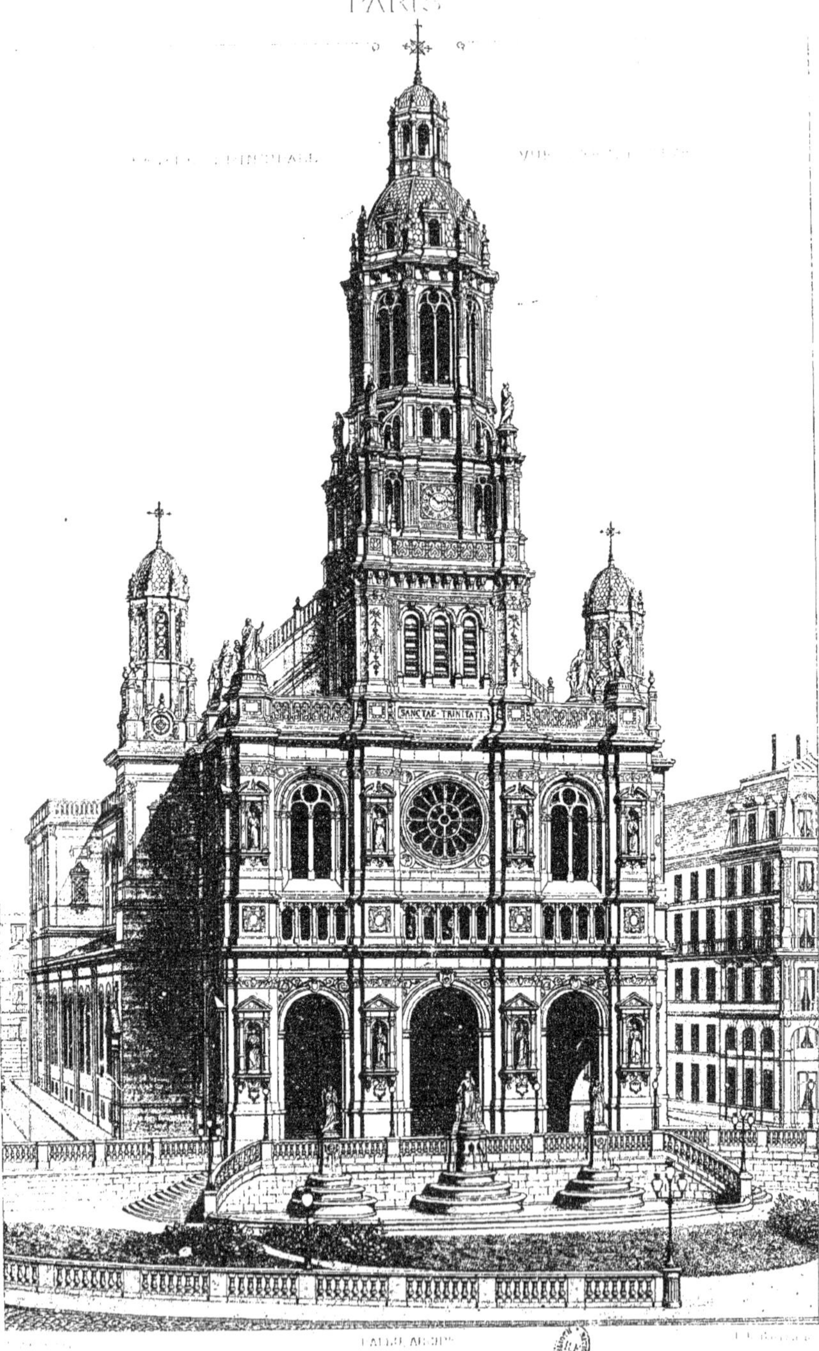

BALLU, ARCHte

ÉGLISE DE LA TRINITÉ

II.

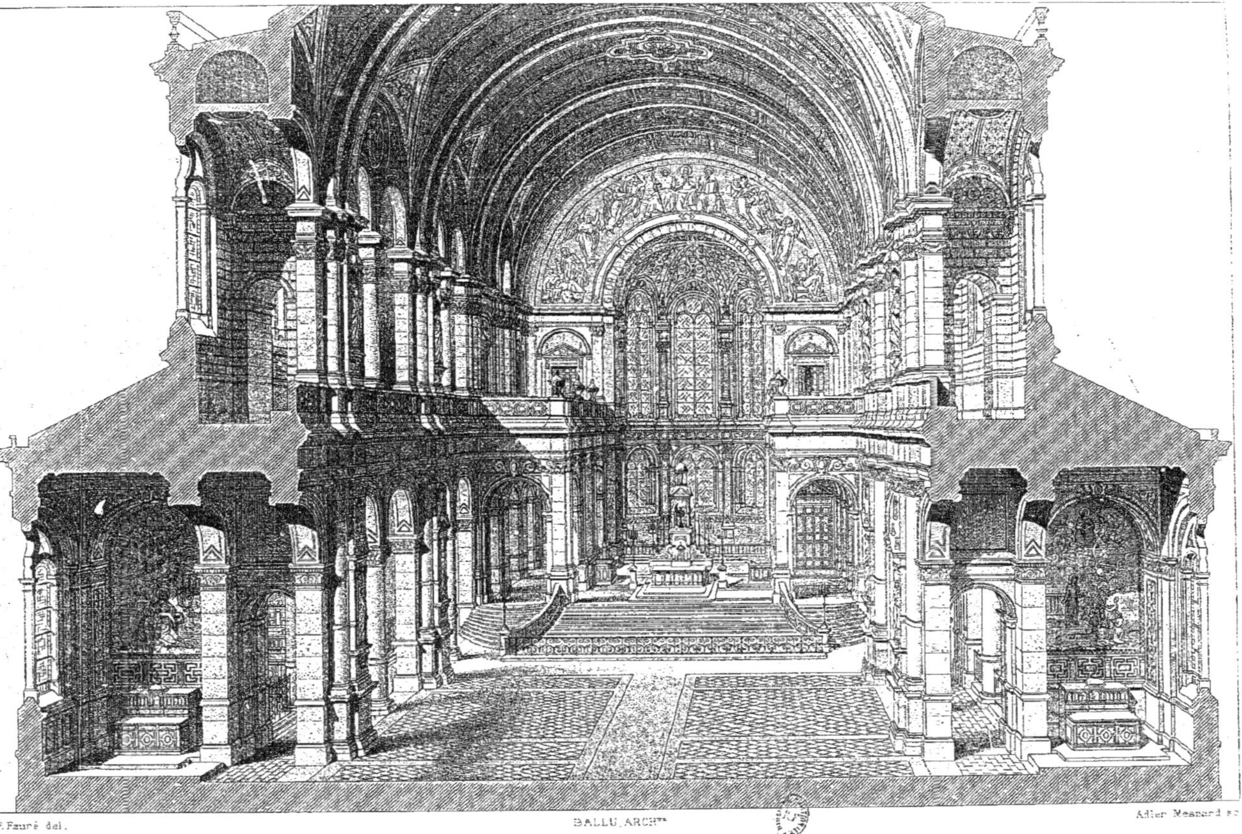

P. Fauré del. BALLU, ARCHte Adler Mesnard sc.

EGLISE DE LA TRINITE

VUE PERSPECTIVE INTERIEURE

III

Ve A. MOREL et Cie Editeurs Imp. Lemercier et Cie Paris

PARIS

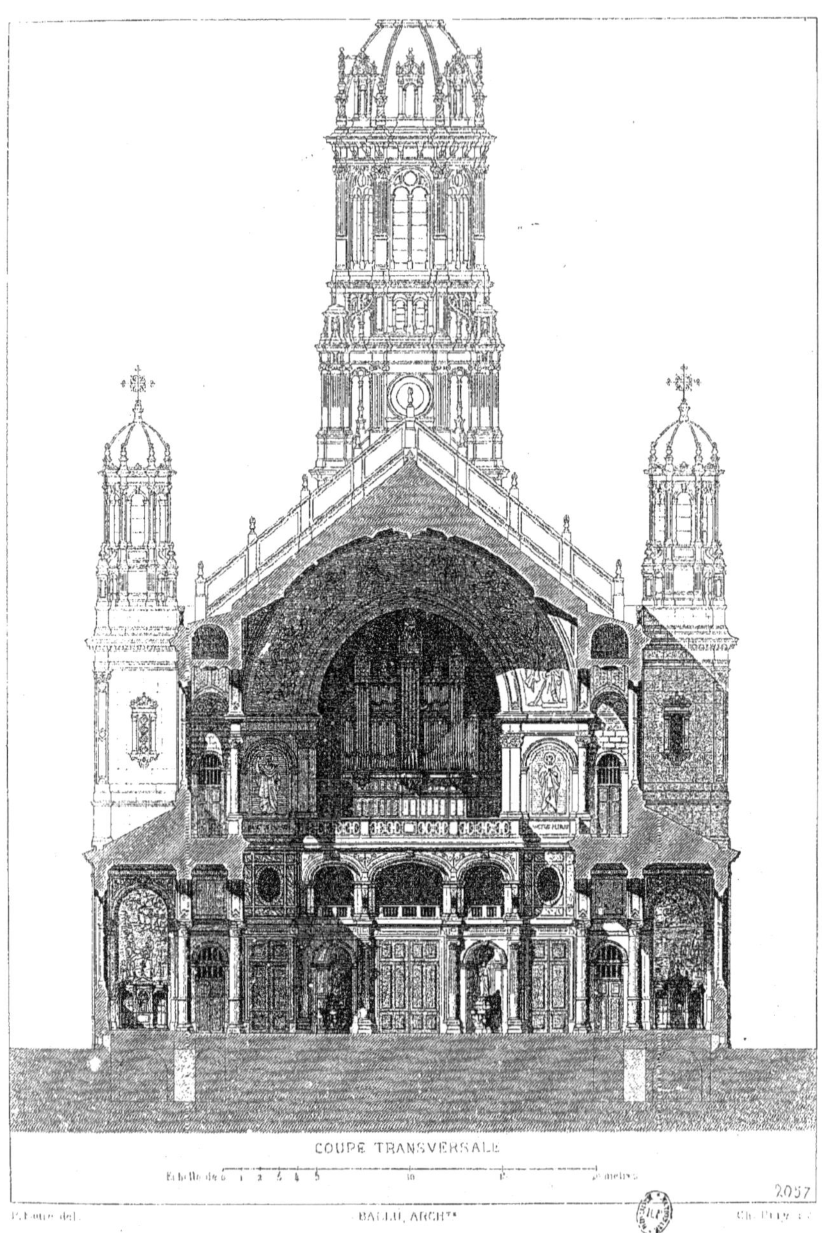

P. Fouré del. BALLU, ARCHte Ch. Pergy sc.

ÉGLISE DE LA TRINITÉ

IV

Vve A. MOREL et Cie Editeurs. Imp. Lemercier & Cie Paris

PARIS

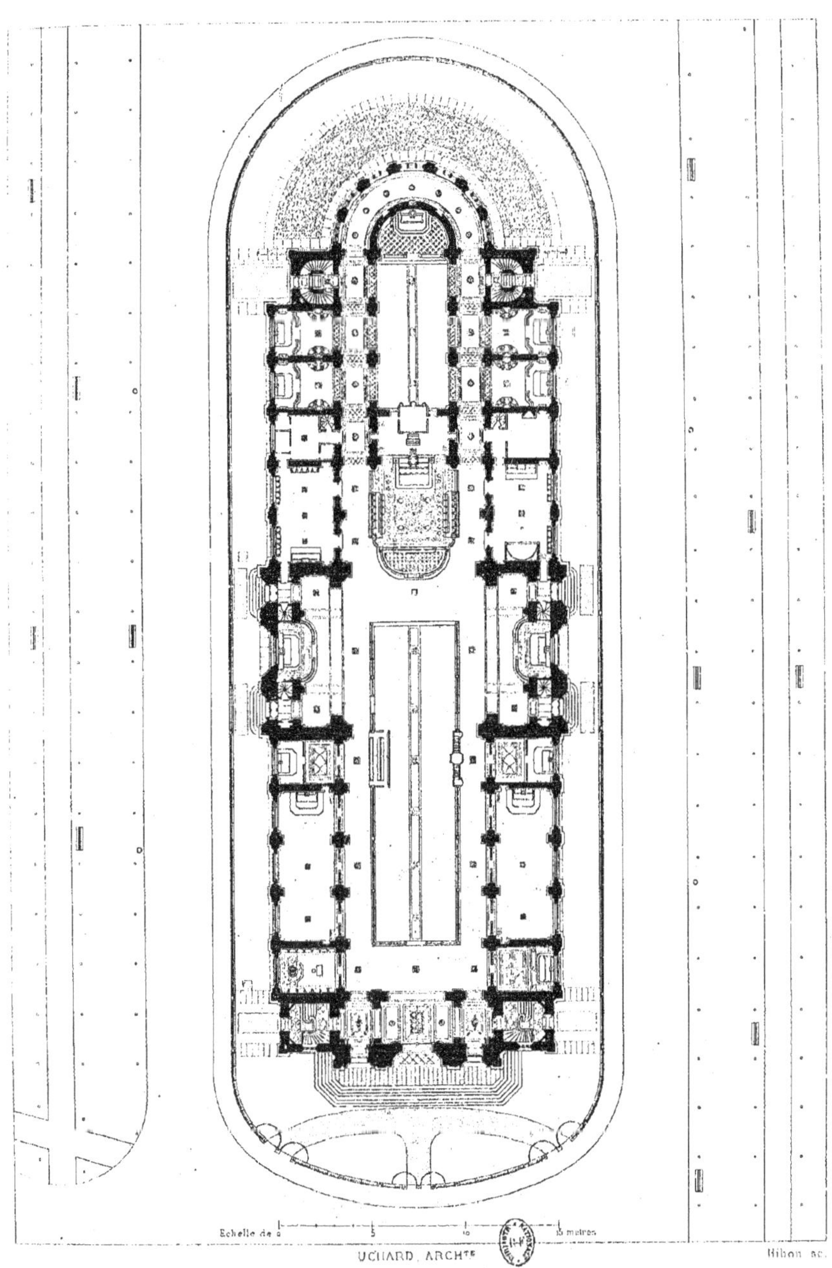

UCHARD, ARCHte Ribon sc.

EGLISE SAINT-FRANÇOIS-XAVIER

PLAN

I.

Vve A. MOREL et Cie Editeurs. Imp. Lemercier et Cie Paris

PARIS

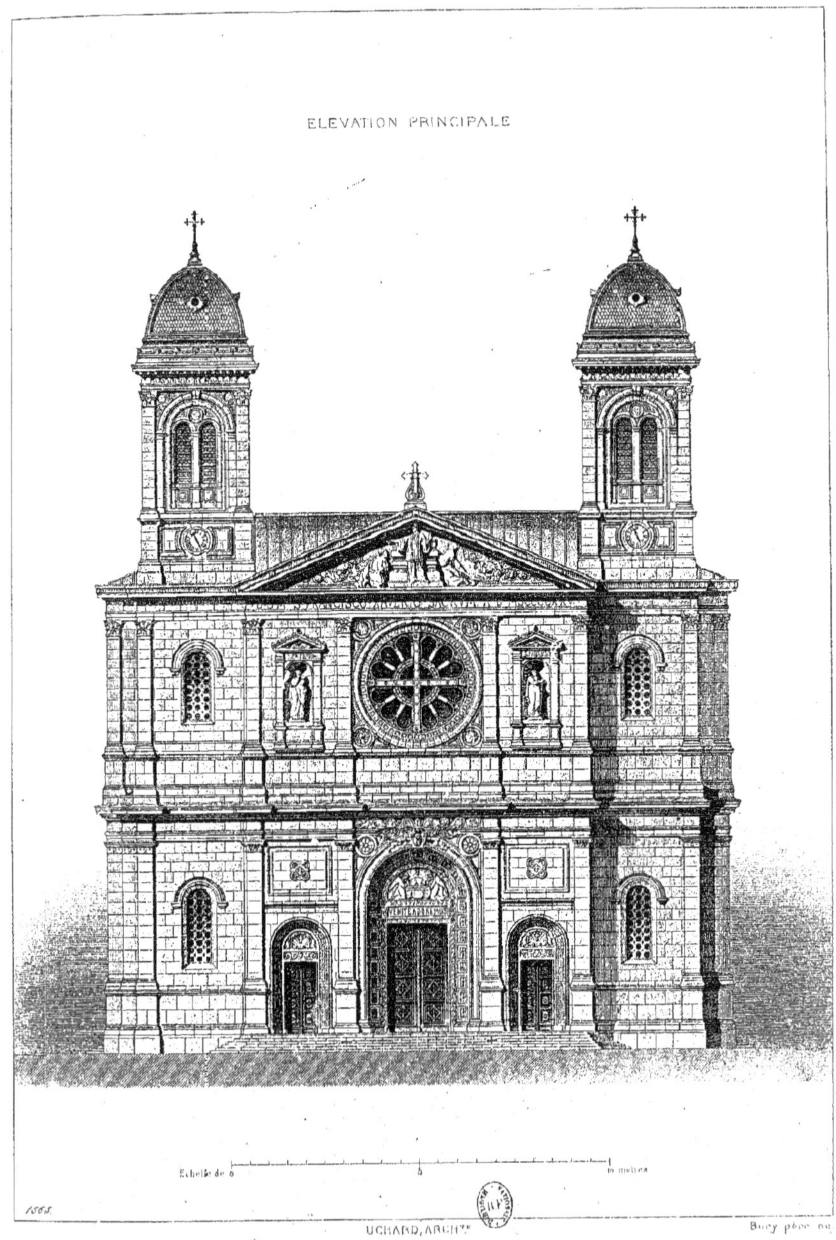

UCHARD, ARCH^{te} — Bury père sc.

EGLISE SAINT FRANÇOIS-XAVIER

II.

Vve A. MOREL et Cie Editeurs — Imp. Lemercier et Cie Paris

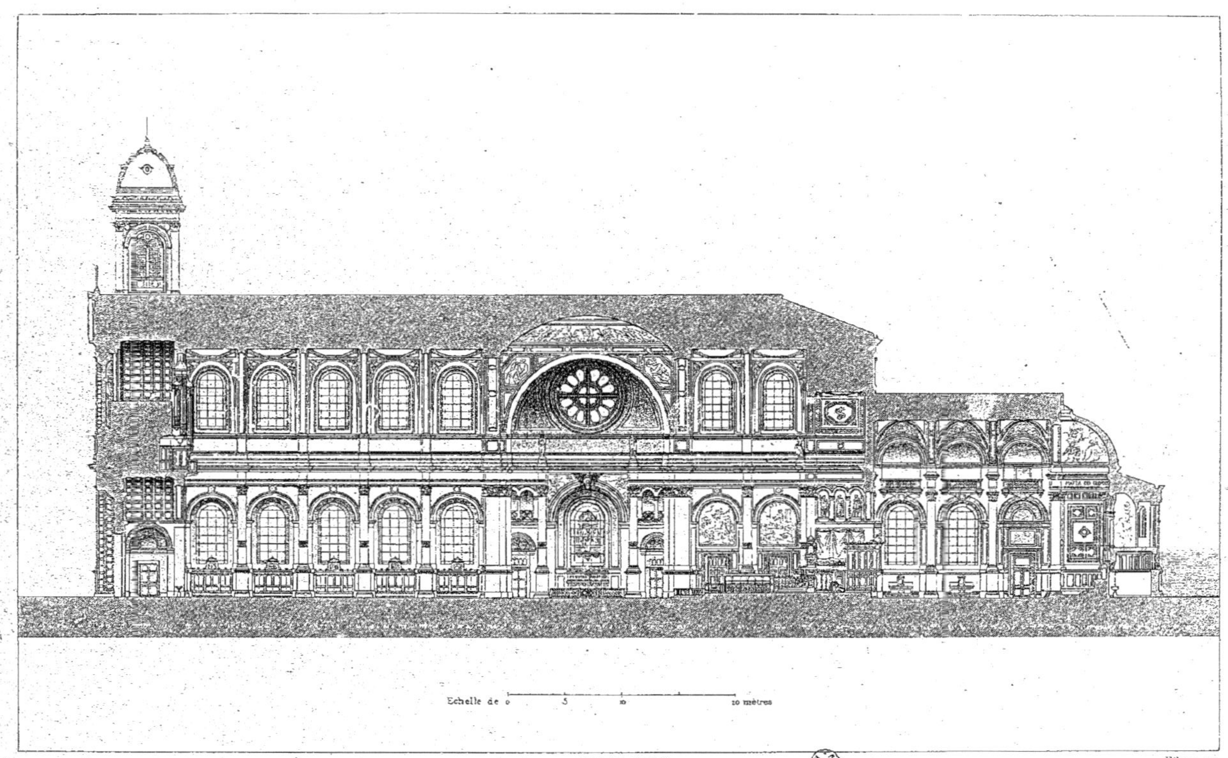

UCHARD, ARCH^TE

Hibon sc.

EGLISE SAINT FRANÇOIS XAVIER

COUPE LONGITUDINALE

III.

Vve A. MOREL et Cie Editeurs.

Imp. Lemercier et Cie Paris.

PARIS

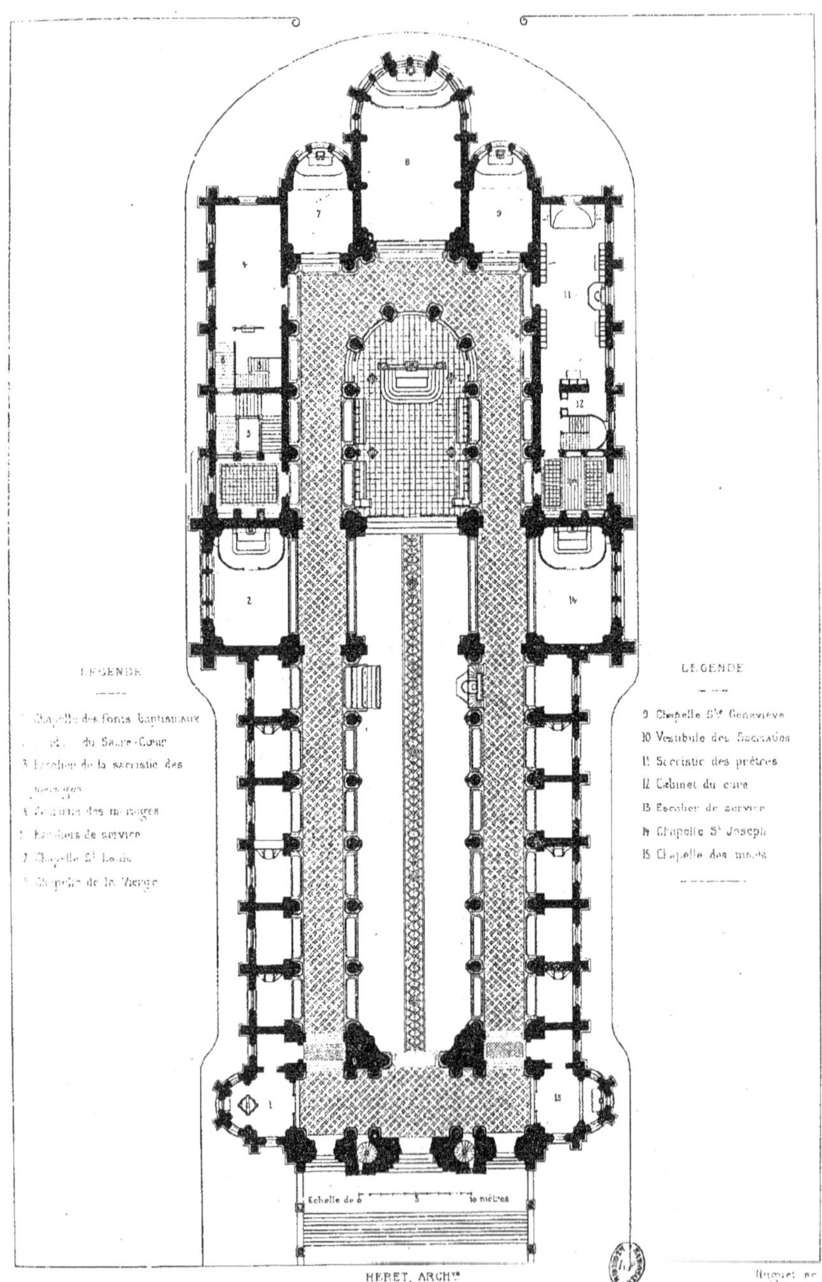

EGLISE N-D. DE LA CROIX, A MENILMONTANT

PLAN

I.

Ve A. MOREL et Cie Éditeurs

Imp. Lemercier et Cie Paris.

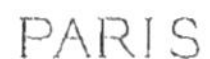

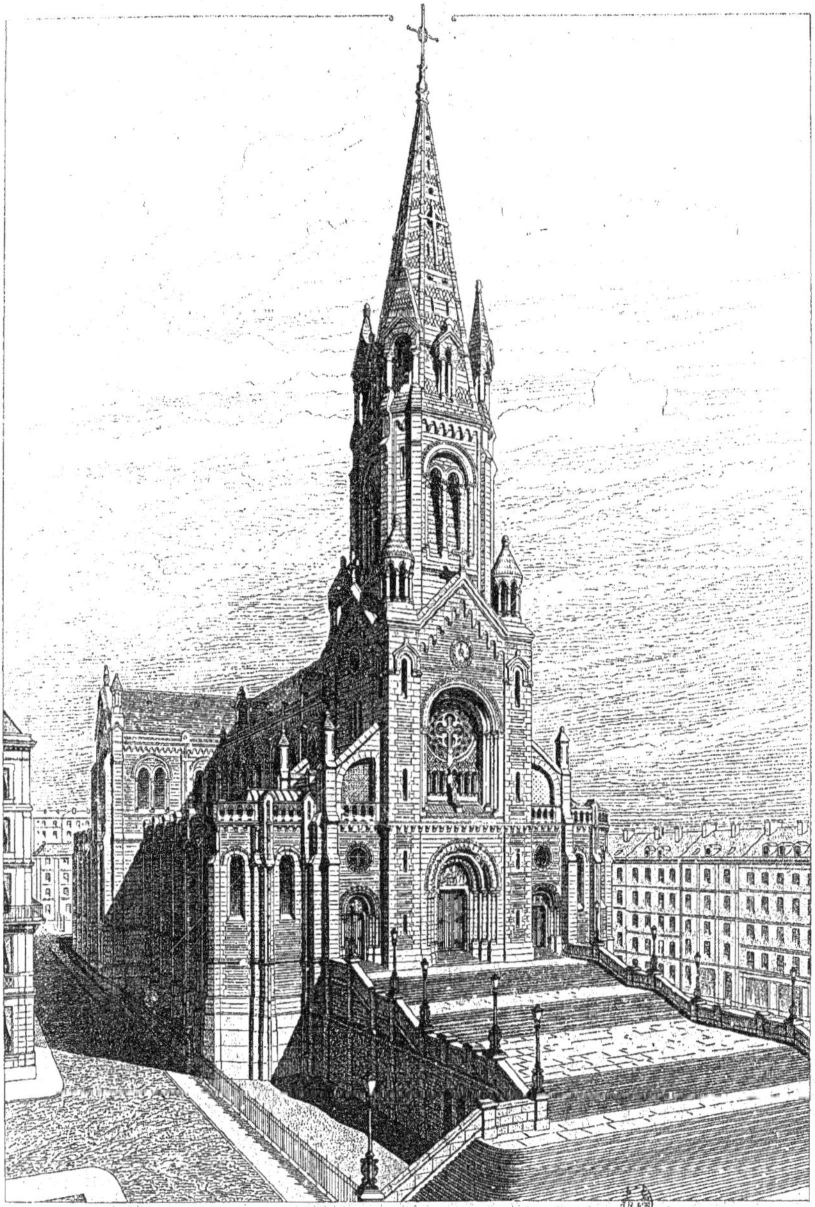

PARIS

HERET, ARCH^te^ — A. Chappuis sc.

EGLISE N-D DE LA CROIX, A MENILMONTANT

VUE PERSPECTIVE EXTERIEURE

II

Ve A. MOREL et Cie Editeurs. — Imp Lemercier et Cie Paris.

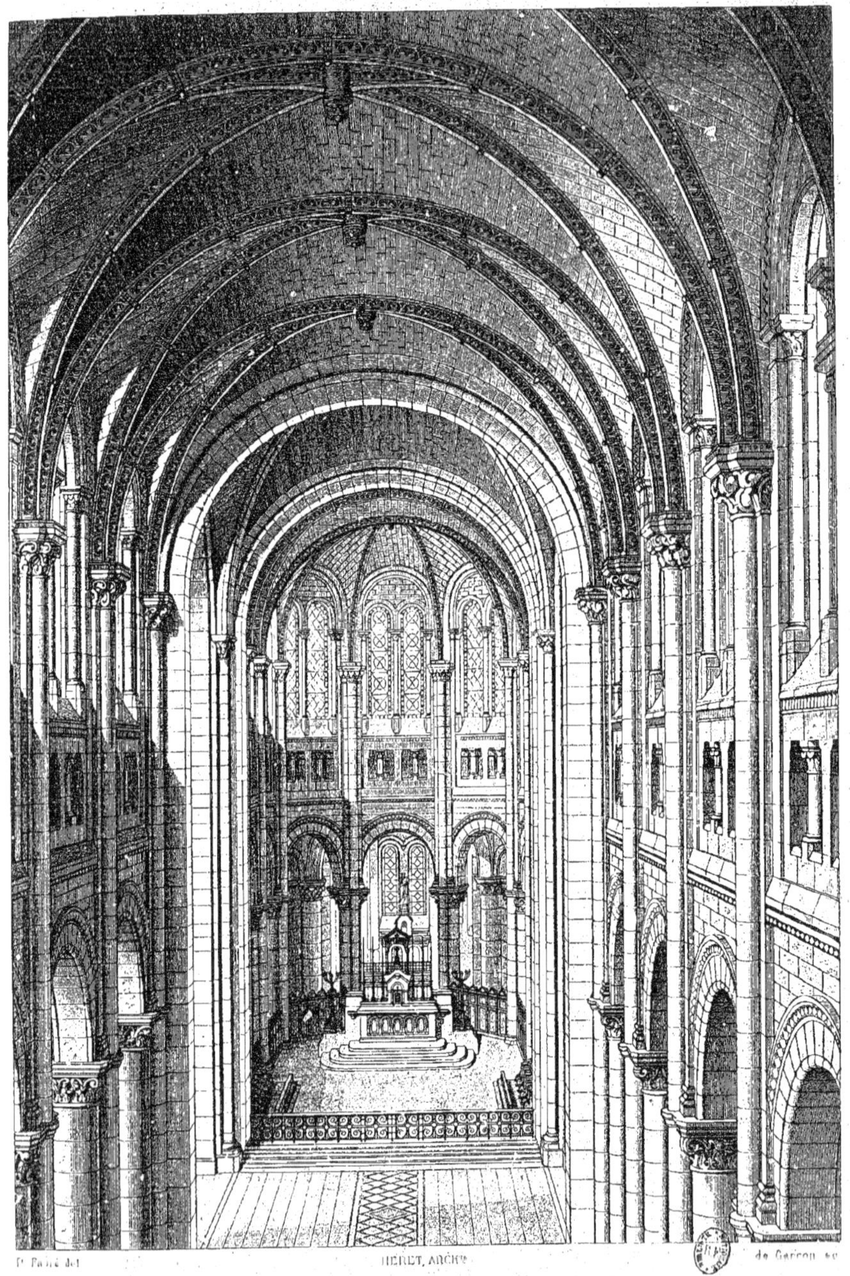

F. Paré del. HÉRET, ARCH^te de Garcon sc.

ÉGLISE N-D. DE LA CROIX, A MENILMONTANT

VUE INTERIEURE

III

Vve A. MOREL et Cie Editeurs — Imp. Lemercier et Cie Paris

COUPE TRANSVERSALE

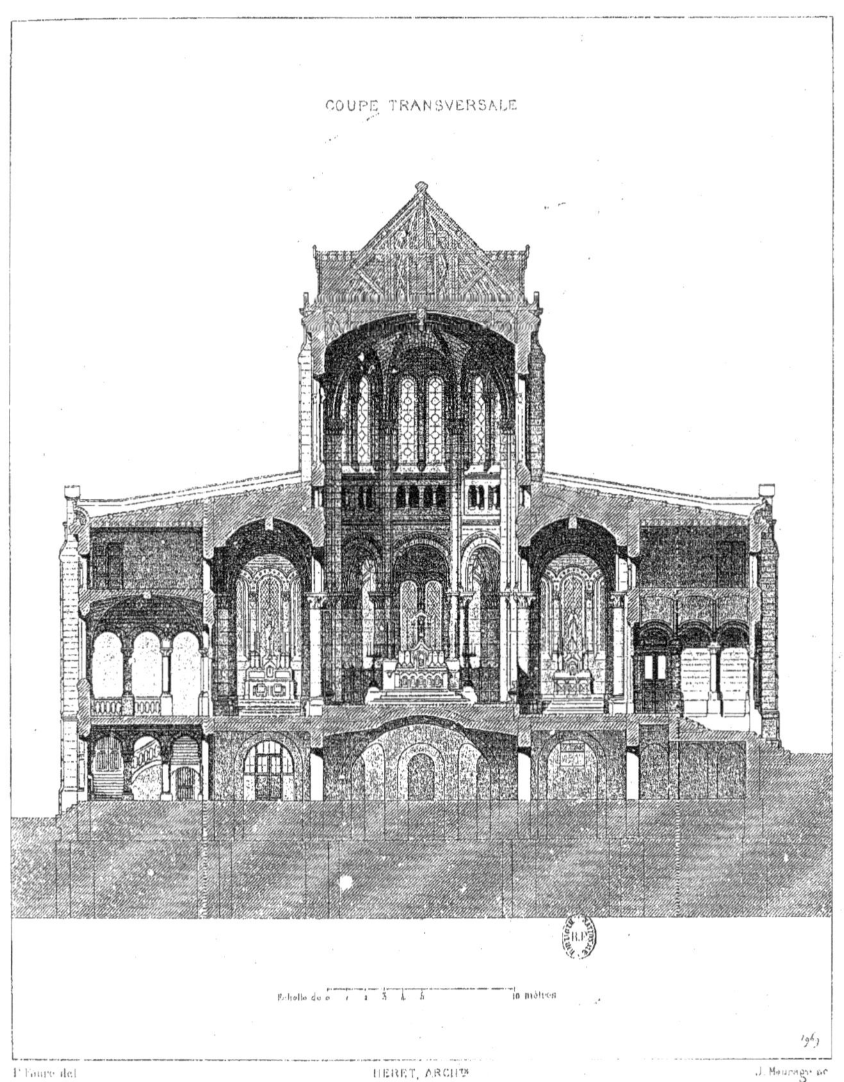

Echelle de 0 1 2 3 4 5 10 mètres

1969

P. Faure del. HERET, ARCHte J. Meunage sc.

N-D. DE LA CROIX A MENILMONTANT

IV

Ve A. MOREL et Cie Editeurs. Imp. Lemercier et Cie Paris

PARIS

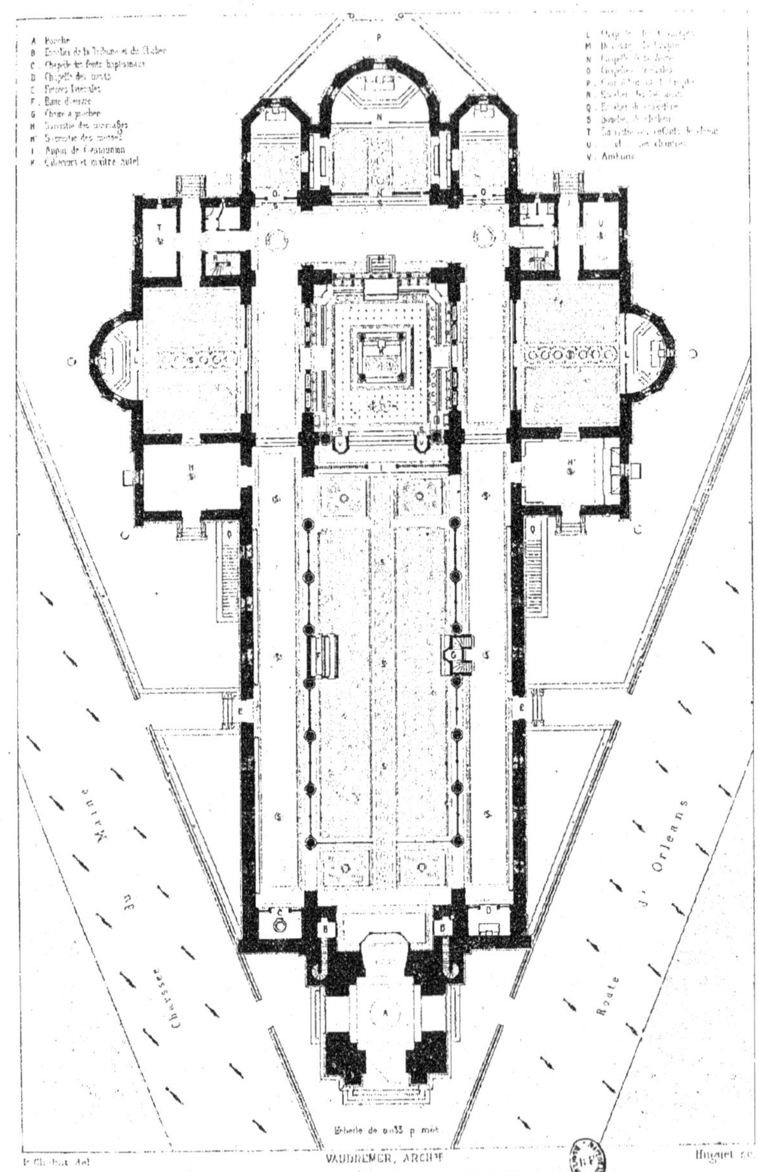

VAUDREMER, ARCHte

Huguet sc.

EGLISE St PIERRE DE MONTROUGE

PLAN

I.

Vve A. MOREL et Cie Editeurs

Imp. Lemercier et Cie Paris

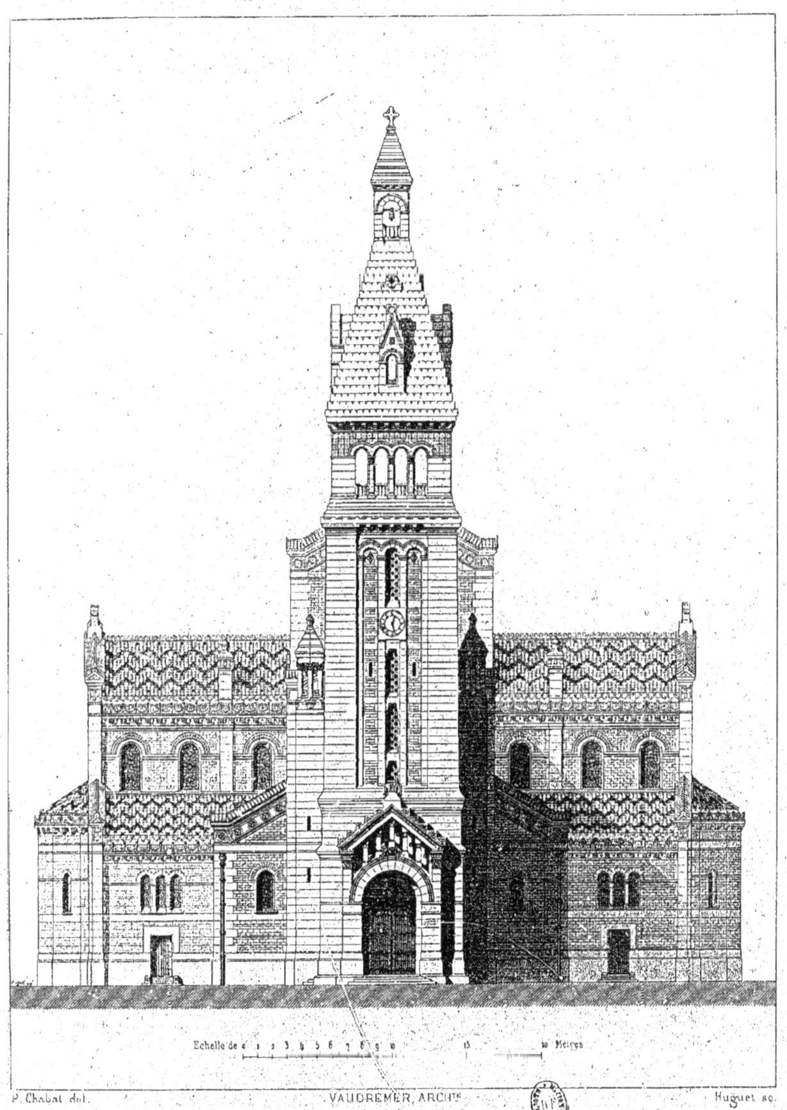

P. Chabat del. VAUDREMER, ARCHte Huguet sc.

EGLISE St PIERRE DE MONTROUGE

FAÇADE PRINCIPALE

II

Vve A. MOREL et Cie Editeurs Imp. Lemercier et Cie Paris.

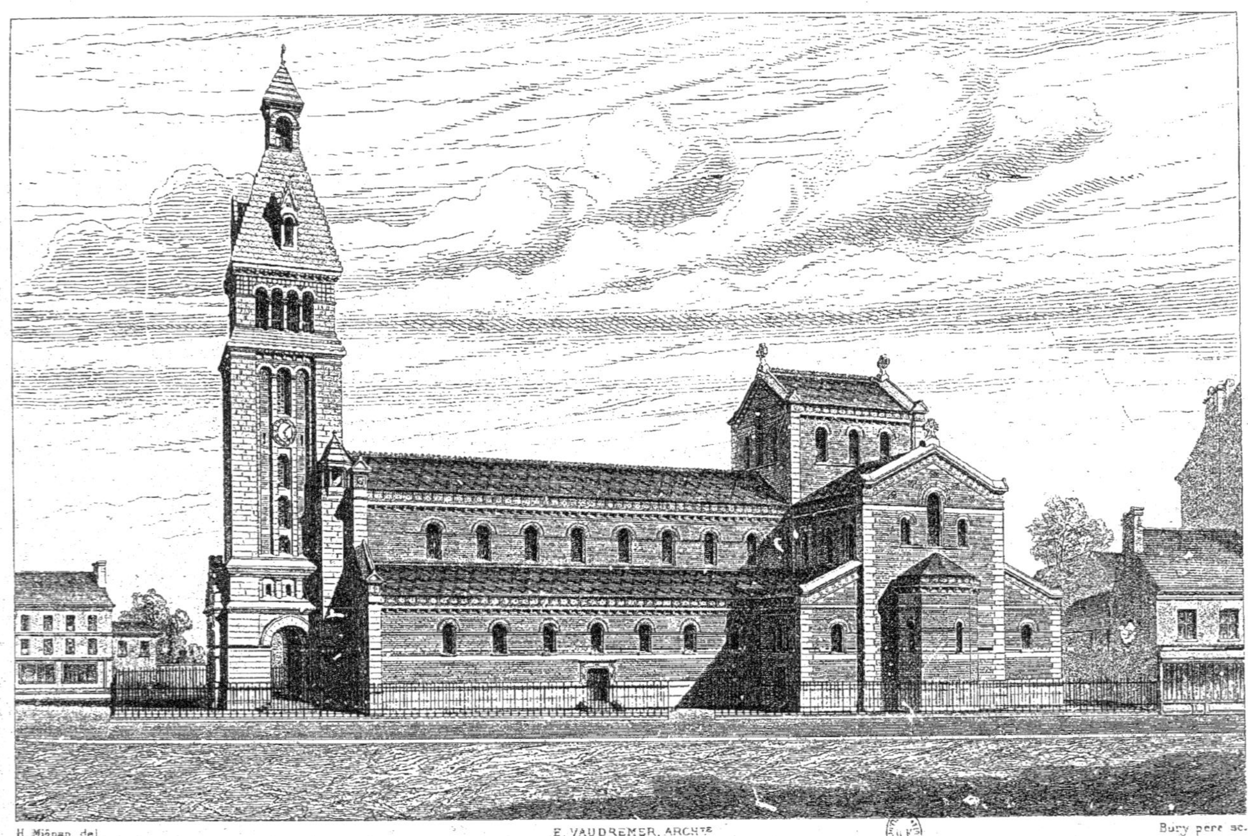

H. Mignan del. | E. VAUDREMER, ARCHte | Bury père sc.

EGLISE St PIERRE DE MONTROUGE

FACE LATERALE

III.

Vve A. MOREL et Cie Editeurs. | Imp. Lemercier et Cie Paris

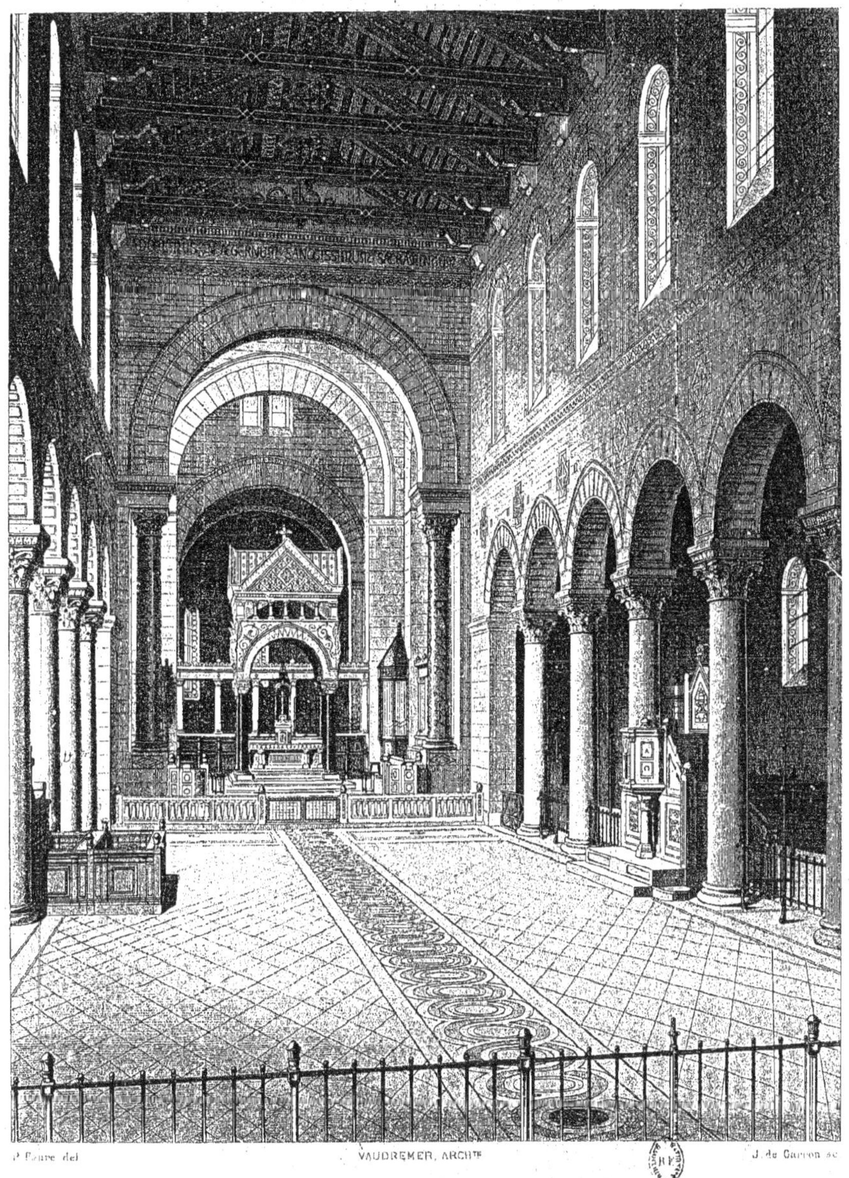

P. Faure del. VAUDREMER, ARCH^TE J. de Carron sc.

ÉGLISE S^T PIERRE DE MONTROUGE

VUE INTÉRIEURE

IV.

Vve A. MOREL et Cie Éditeurs. Imp. Lemercier et Cie Paris

PARIS

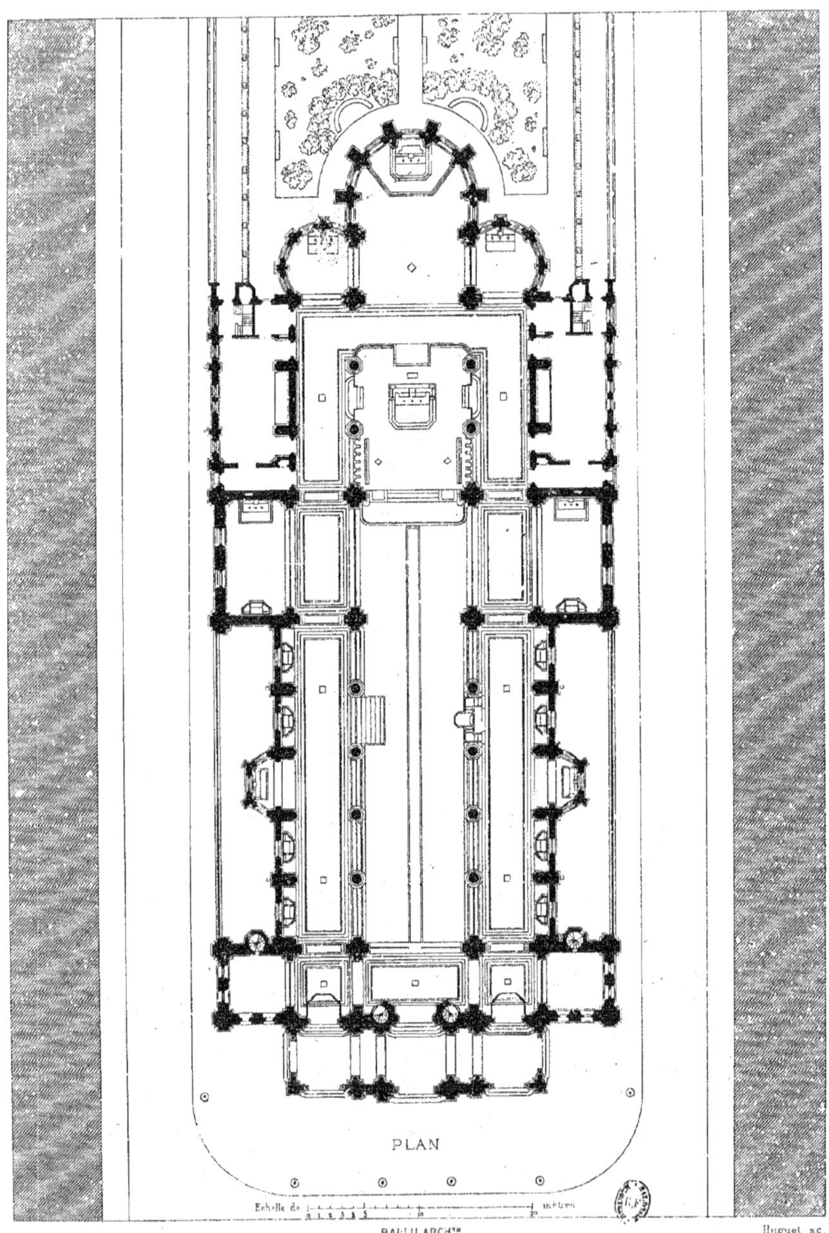

BALLU, ARCHte

Huguet sc.

EGLISE SAINT-AMBROISE

I

Vve A. MOREL et Cie Editeurs

Imp. Lemercier et Cie Paris

PARIS

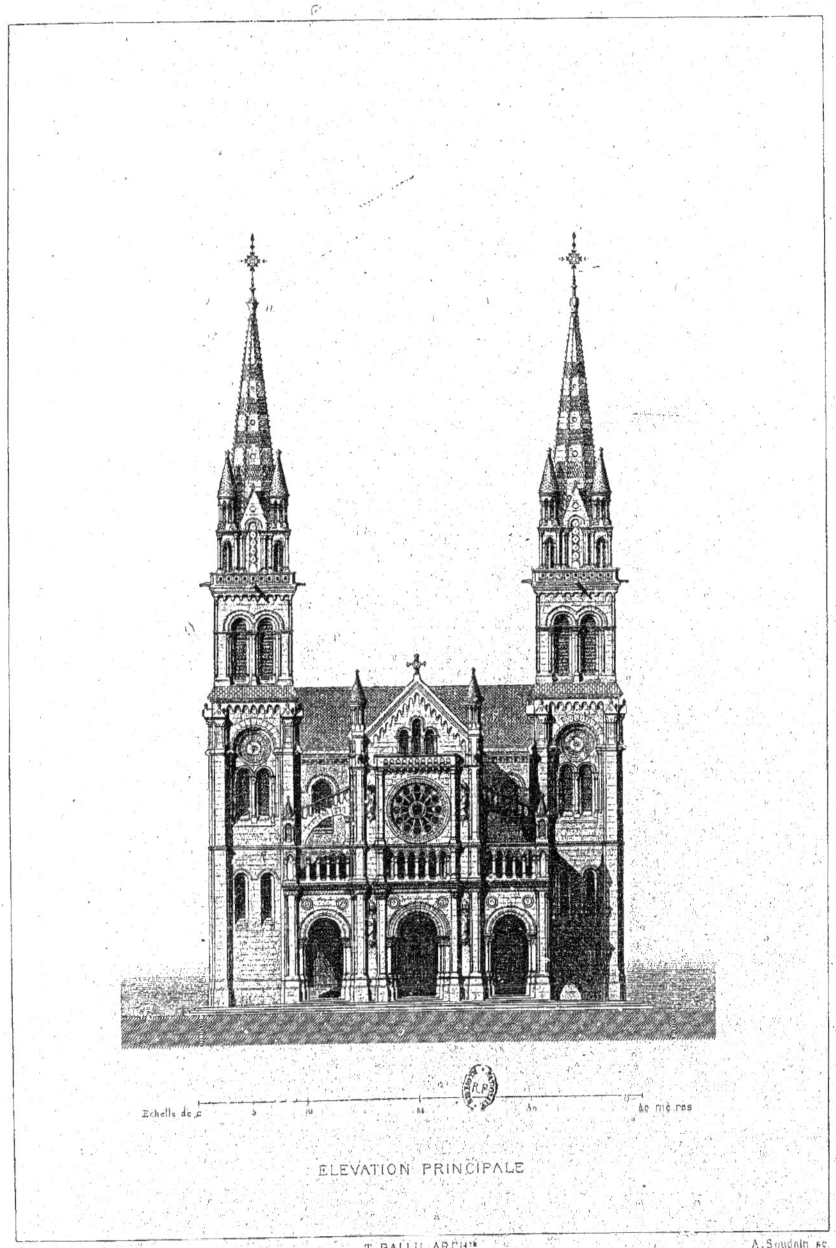

ÉLEVATION PRINCIPALE

P. Fauré del. T. BALLU, ARCHte A. Soudain sc.

EGLISE SAINT-AMBROISE

II.

Vve A. MOREL et Cie Editeurs. Imp. Lemercier et Cie Paris 344

PARIS

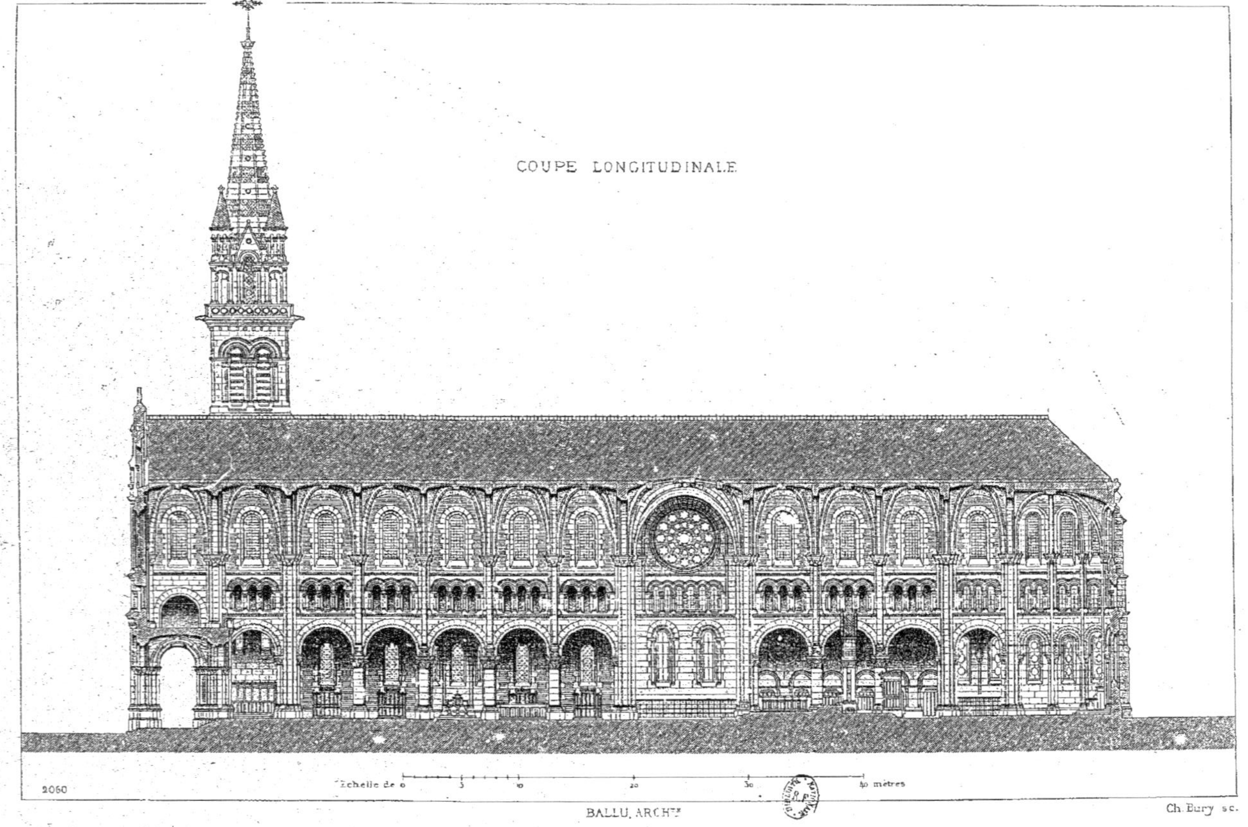

BALLU, ARCHte

Ch. Bury sc.

EGLISE SAINT-AMBROISE

III.

Ve A. MOREL et Cie Editeurs

Imp. Lemercier et Cie Paris.

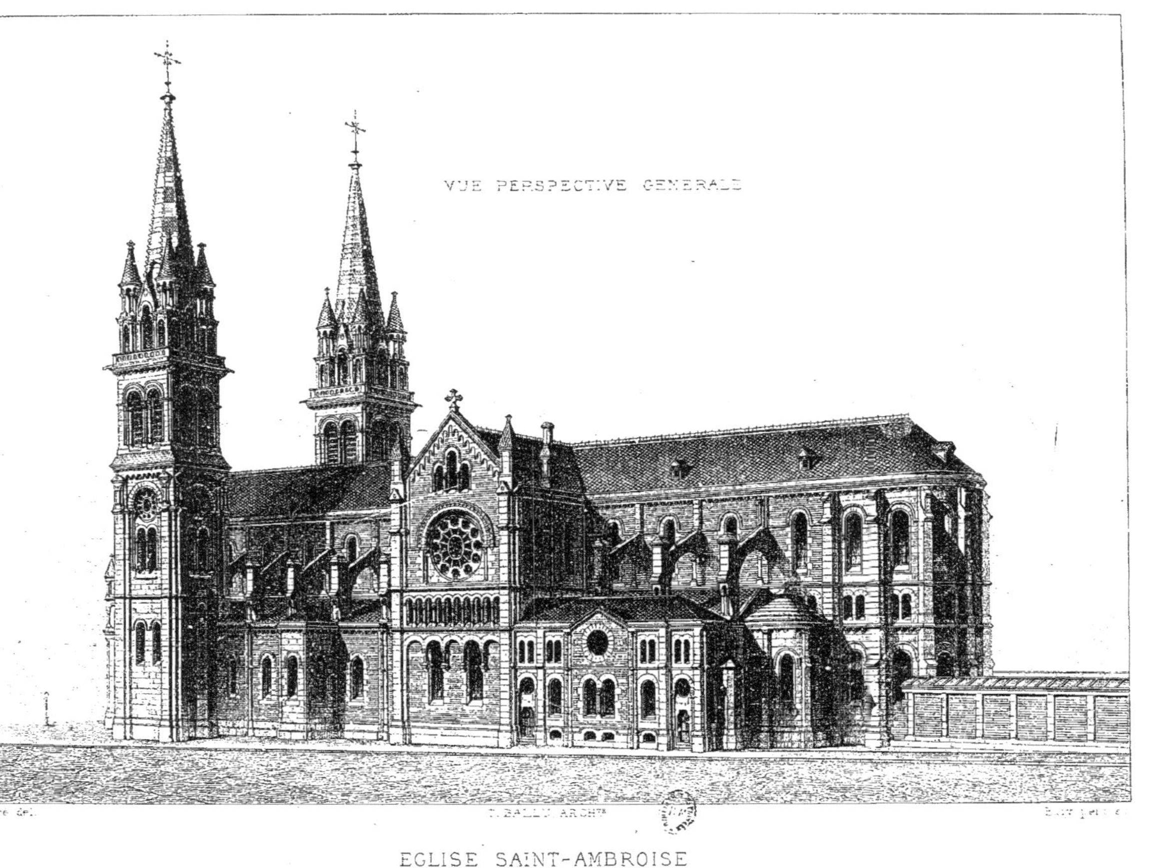

T. BALLU ARCH^TE

EGLISE SAINT-AMBROISE

IV

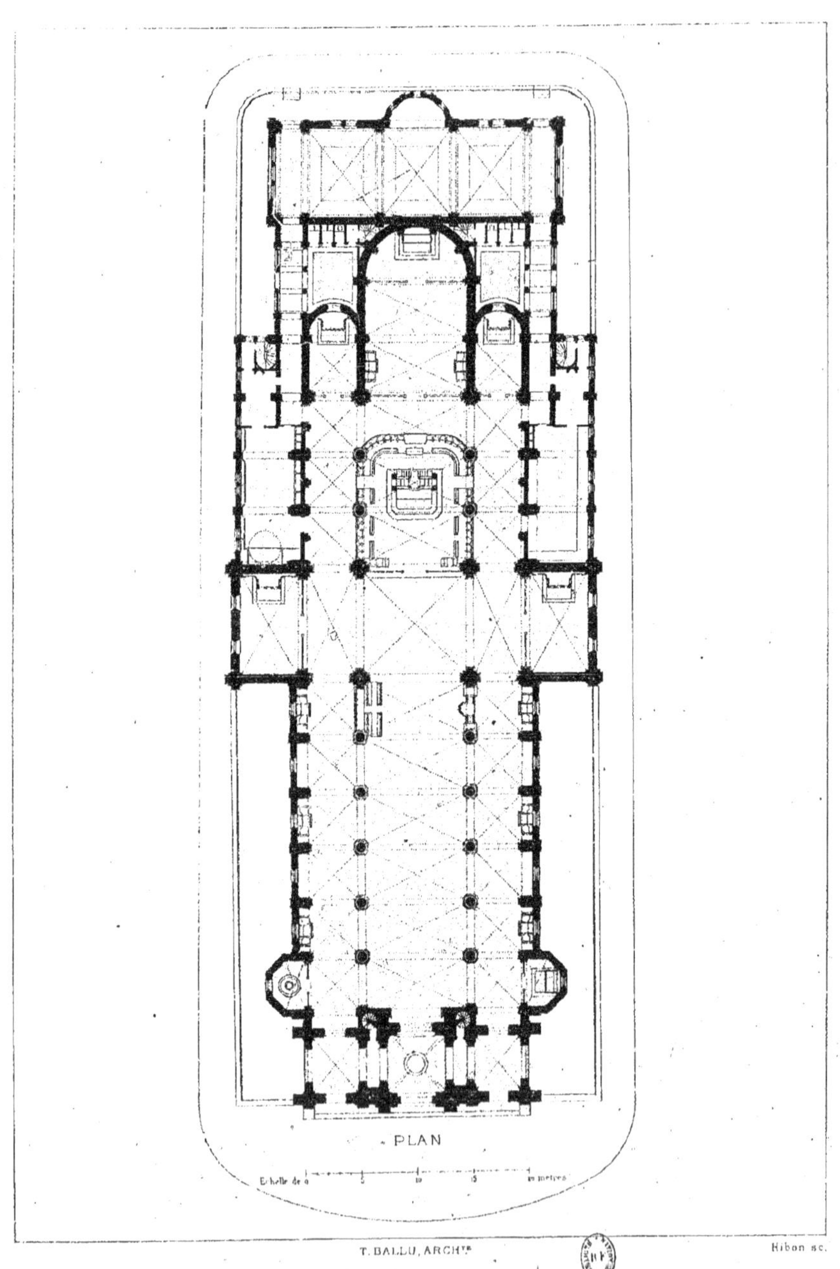

T. BALLU, ARCHTE Ribon sc.

EGLISE SAINT-JOSEPH

I.

Ve A. MOREL et Cie Editeurs. Imp. Lemercier et Cie Paris.

PARIS

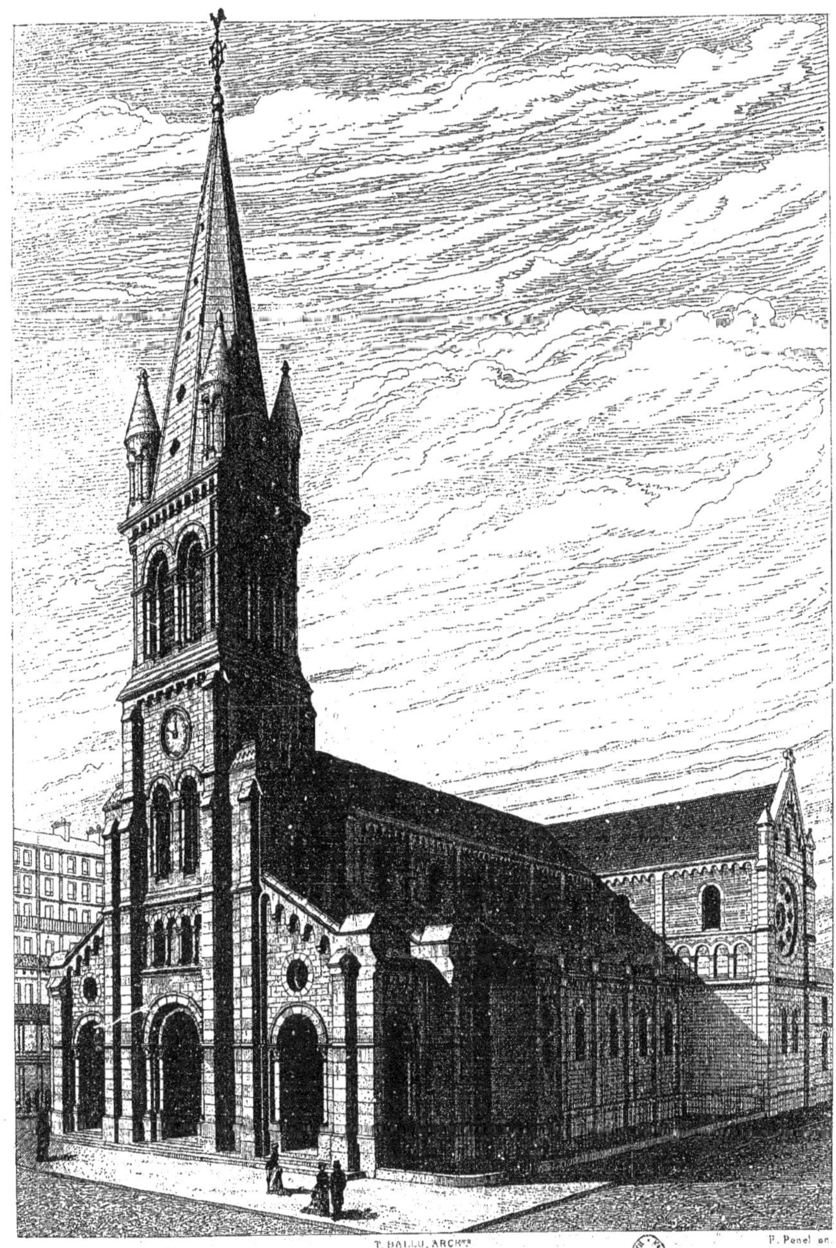

T. BALLU, ARCHte. P. Penel sc.

ÉGLISE SAINT-JOSEPH

11.

Vve A. MOREL et Cie Éditeurs. Imp. Lemercier et Cie Paris

PARIS

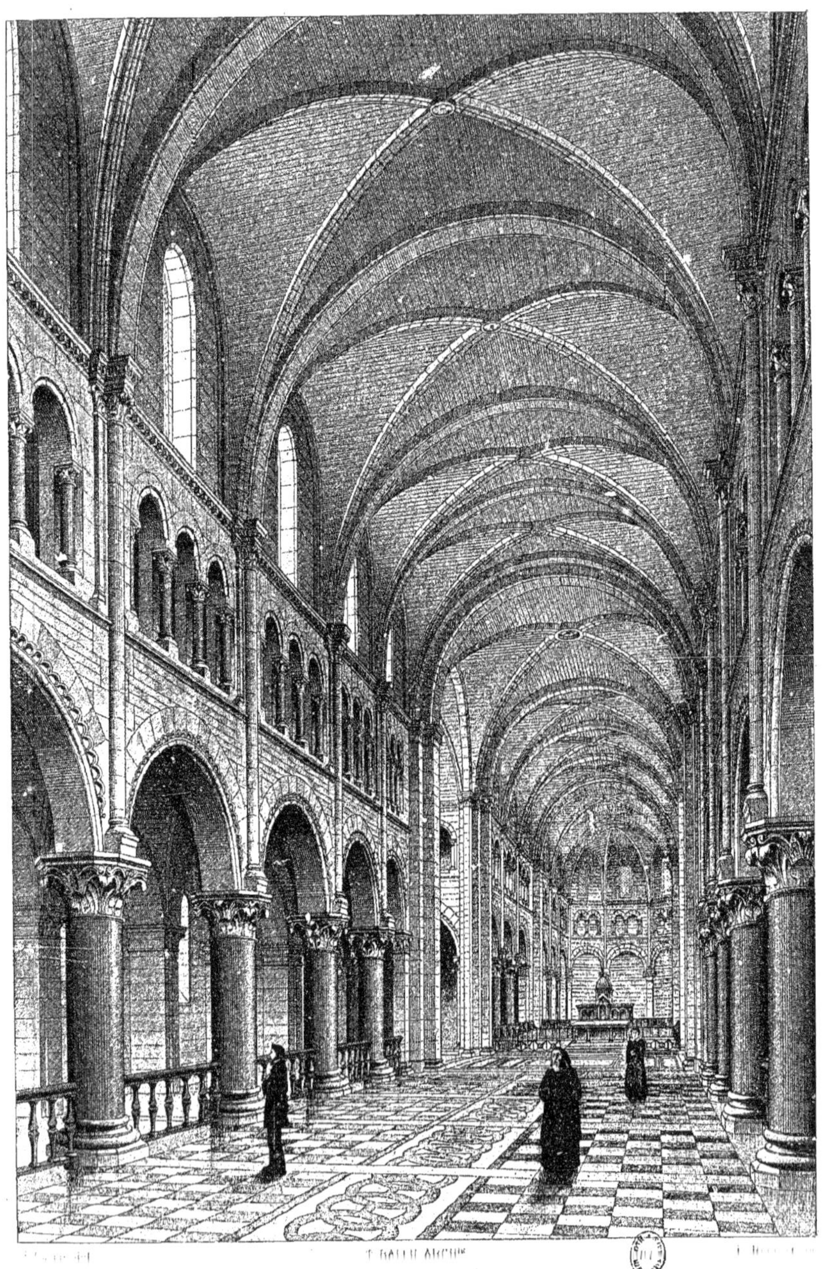

T. BALLU ARCH^te

EGLISE SAINT-JOSEPH

III.

PARIS

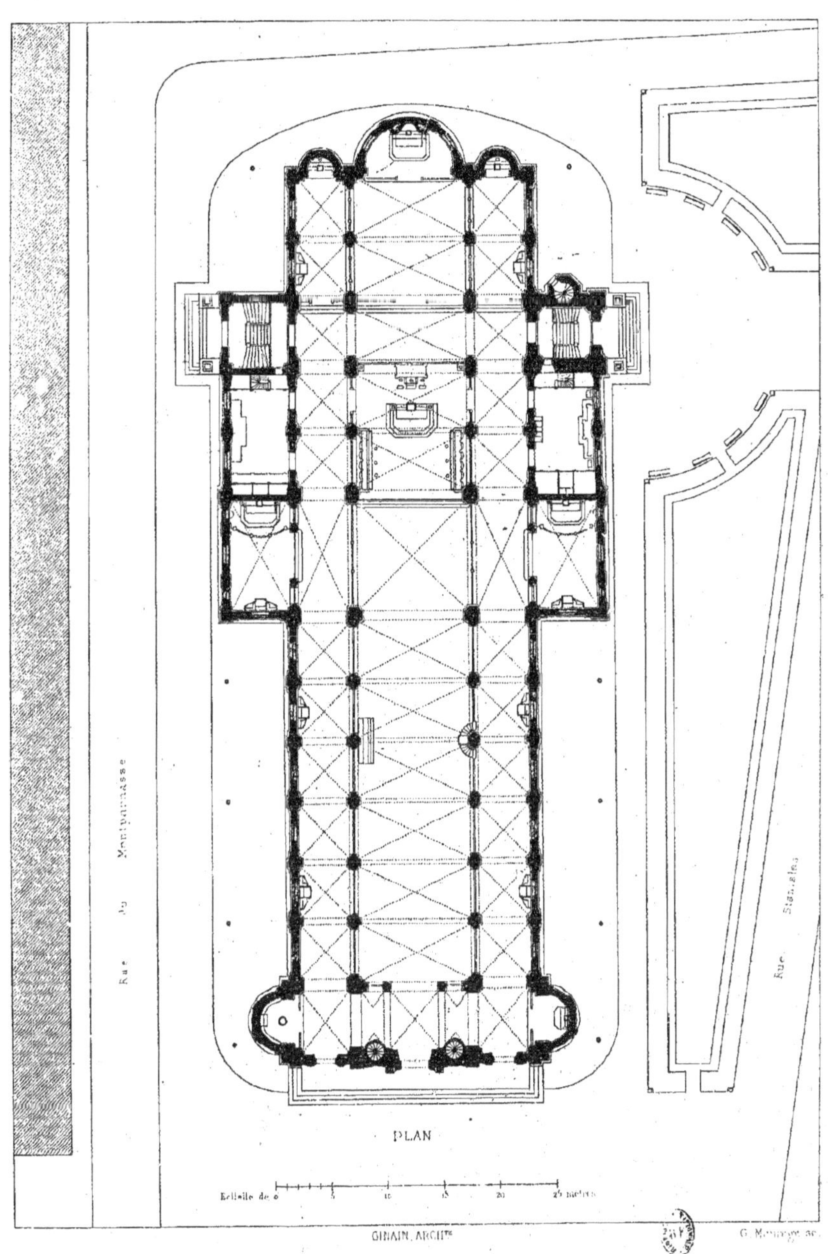

GINAIN, ARCHTE

EGLISE NOTRE-DAME DES CHAMPS

I.

Ve A. MOREL et Cie Editeurs.

Imp. Lemercier et Cie Paris

PARIS

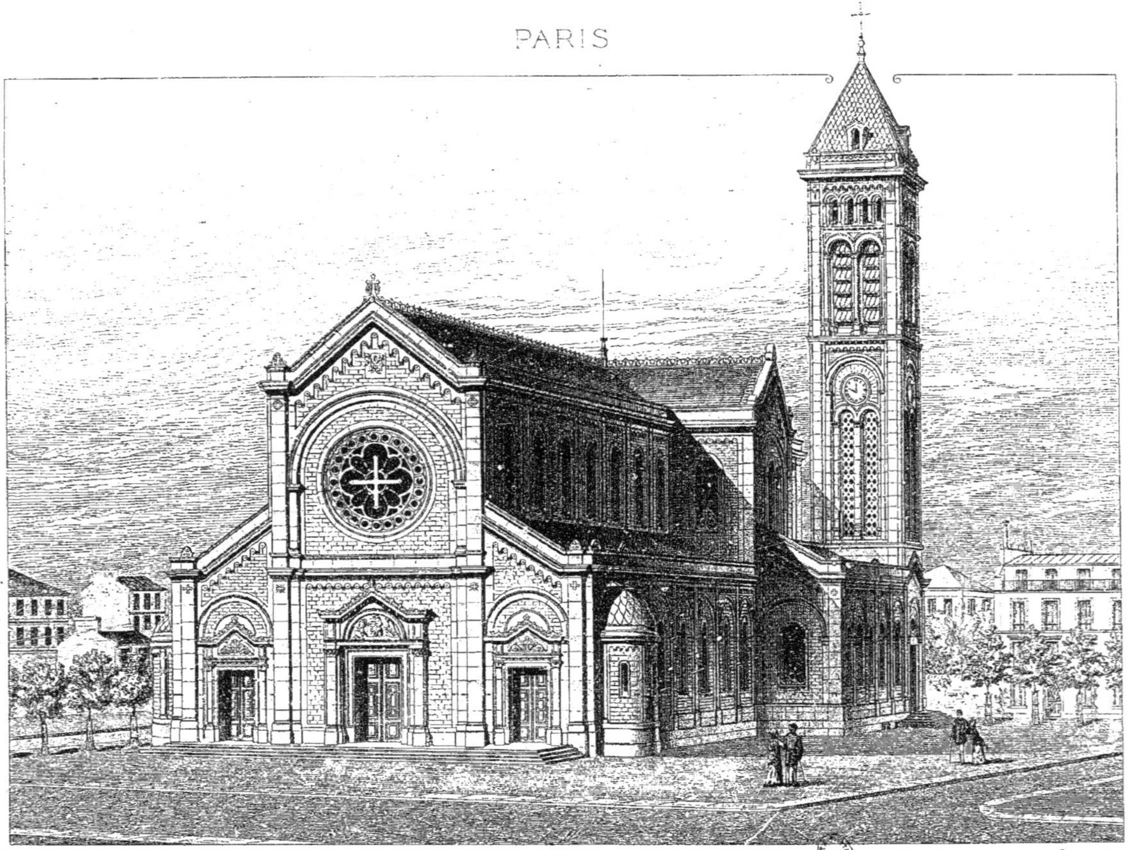

GINAIN, ARCHTE

EGLISE NOTRE-DAME DES CHAMPS

VUE PERSPECTIVE EXTÉRIEURE

II.

Vve A. MOREL et Cie Éditeurs

PARIS

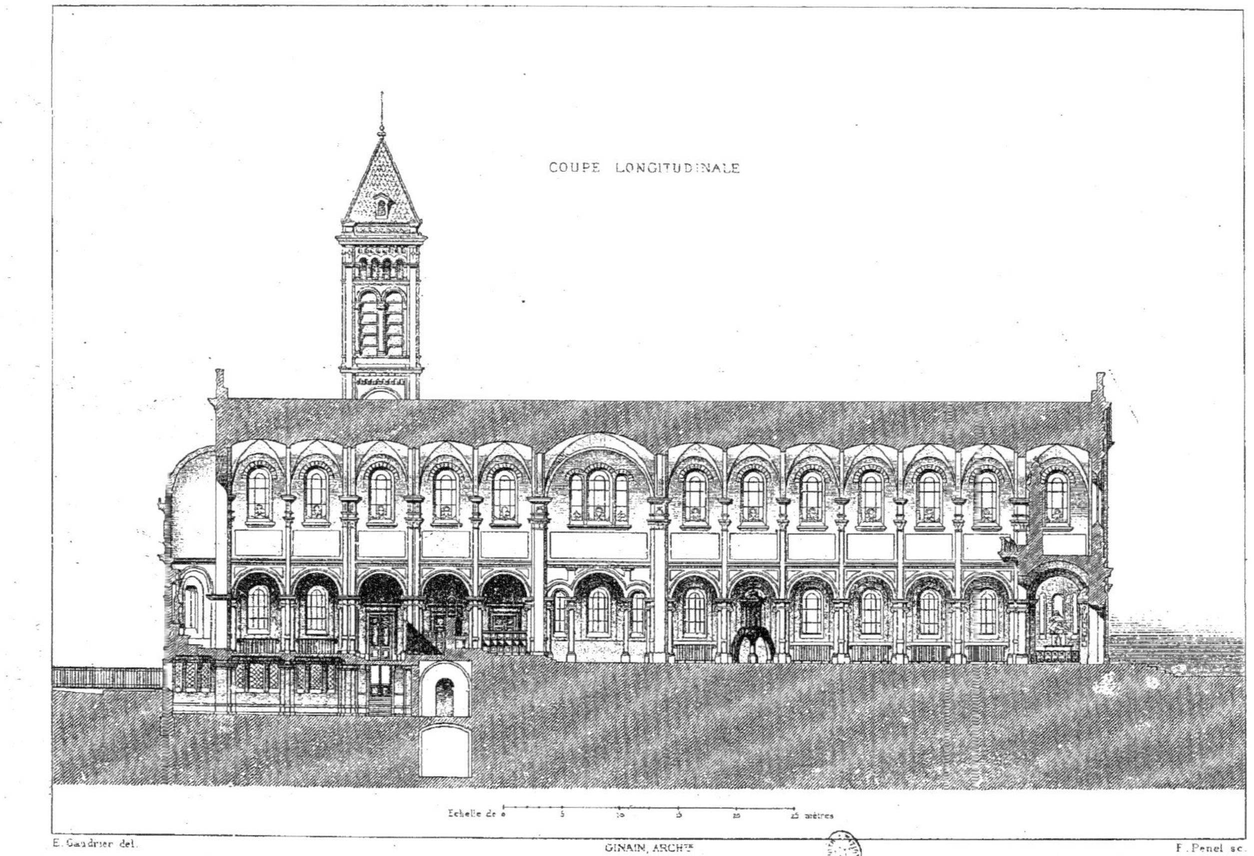

E. Gaudrier del. GINAIN, ARCHte F. Penel sc.

EGLISE NOTRE-DAME DES CHAMPS

III.

Vve A. MOREL et Cie Editeurs

Imp. Lemercier et Cie Paris

PARIS

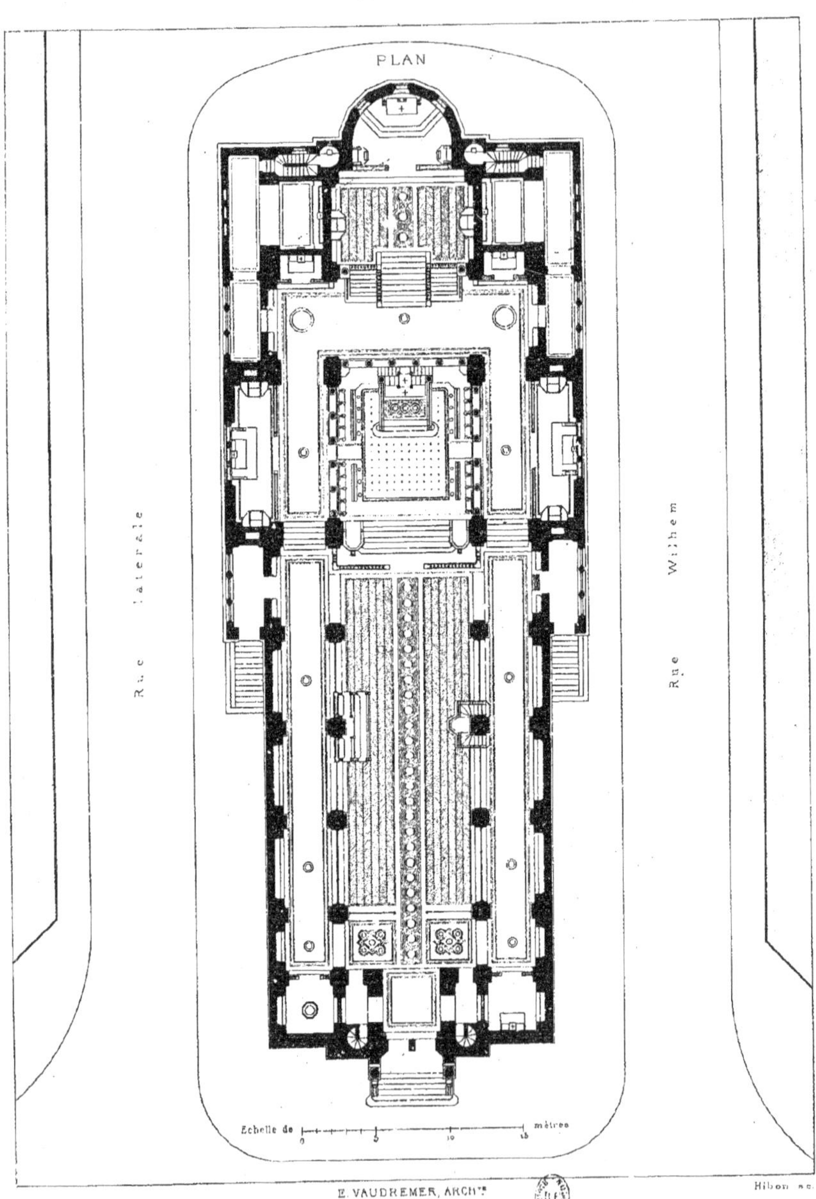

E. VAUDREMER, ARCH^TE

Hibon sc.

EGLISE NOTRE-DAME D'AUTEUIL

I

Vve A. MOREL et Cie Editeurs

Imp. Lemercier et Cie Paris

PARIS

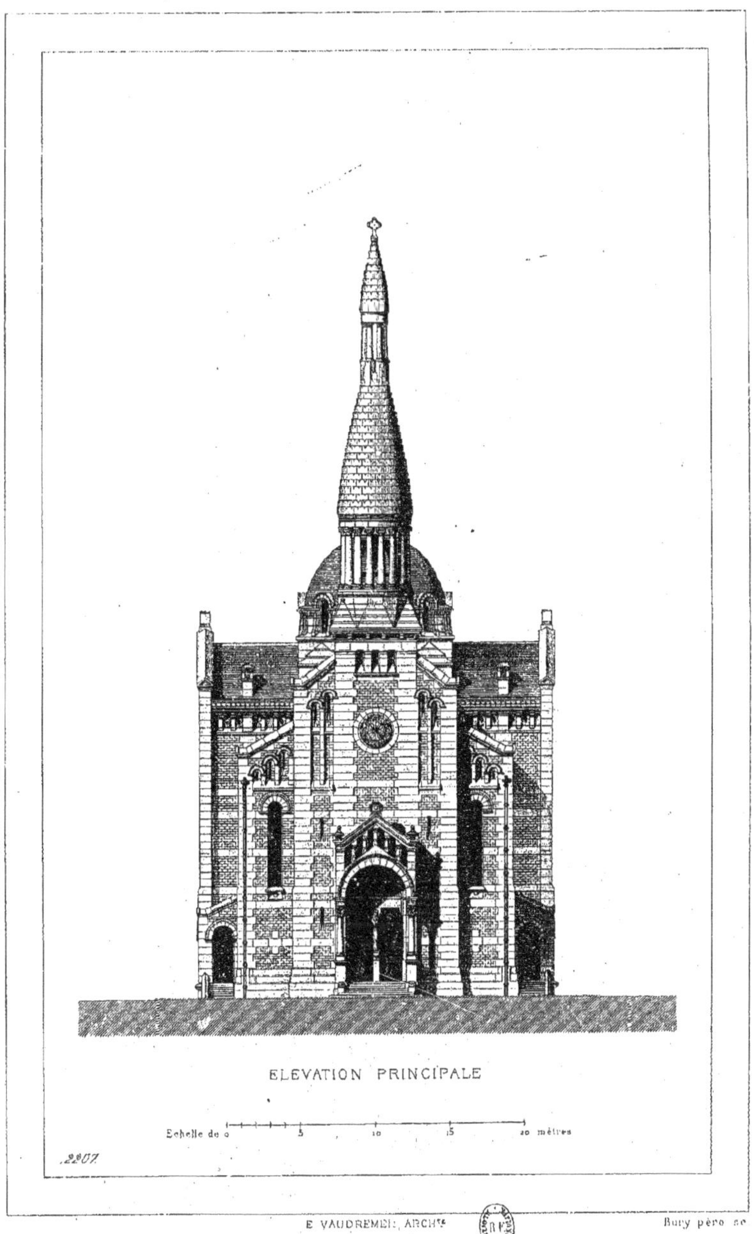

ELEVATION PRINCIPALE

E. VAUDREMER, ARCHte — Bury père sc.

EGLISE NOTRE-DAME D'AUTEUIL

II

Ve A. MOREL et Cie Editeurs — Imp. Lemercier et Cie Paris

PARIS

VUE PERSPECTIVE LATERALE

E. VAUDREMER, ARCHte

Ch. Bury, sc.

EGLISE NOTRE-DAME D'AUTEUIL

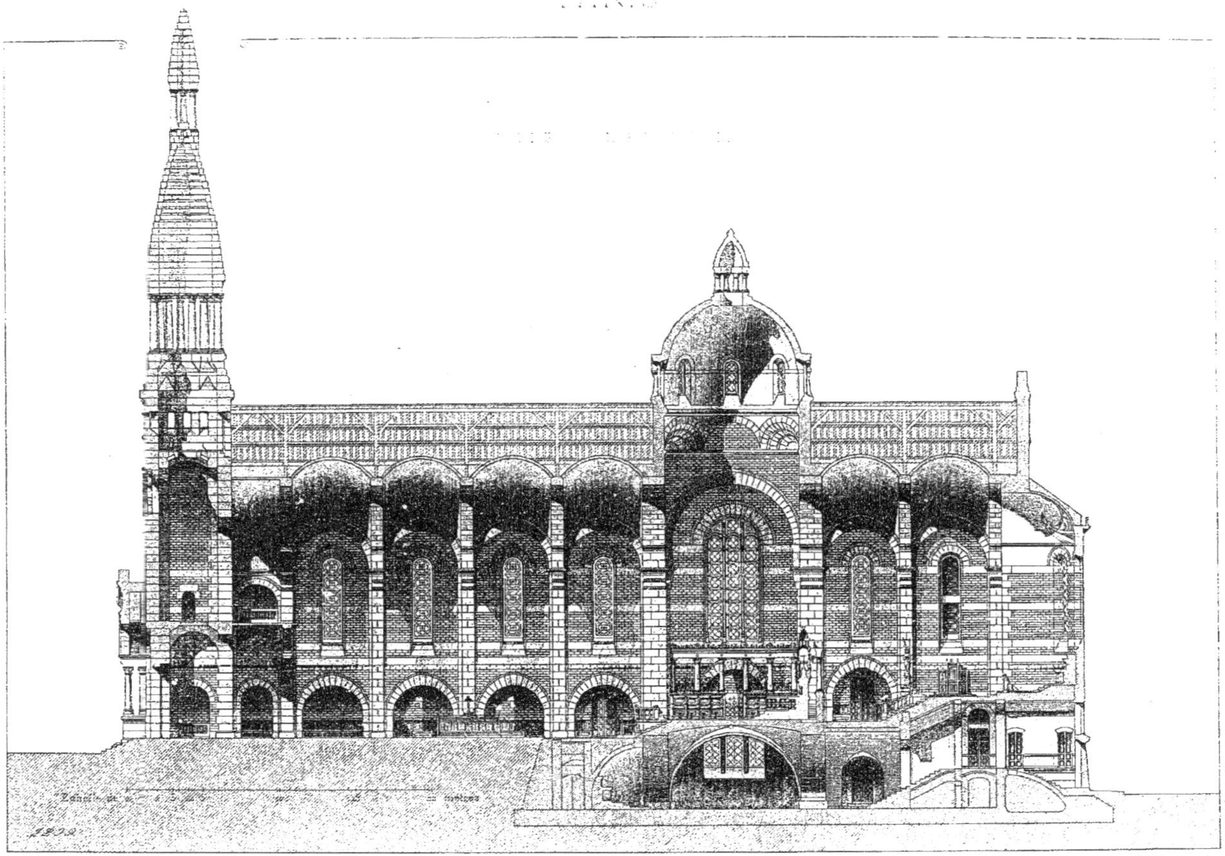

EGLISE NOTRE-DAME D'AUTEUIL

IV

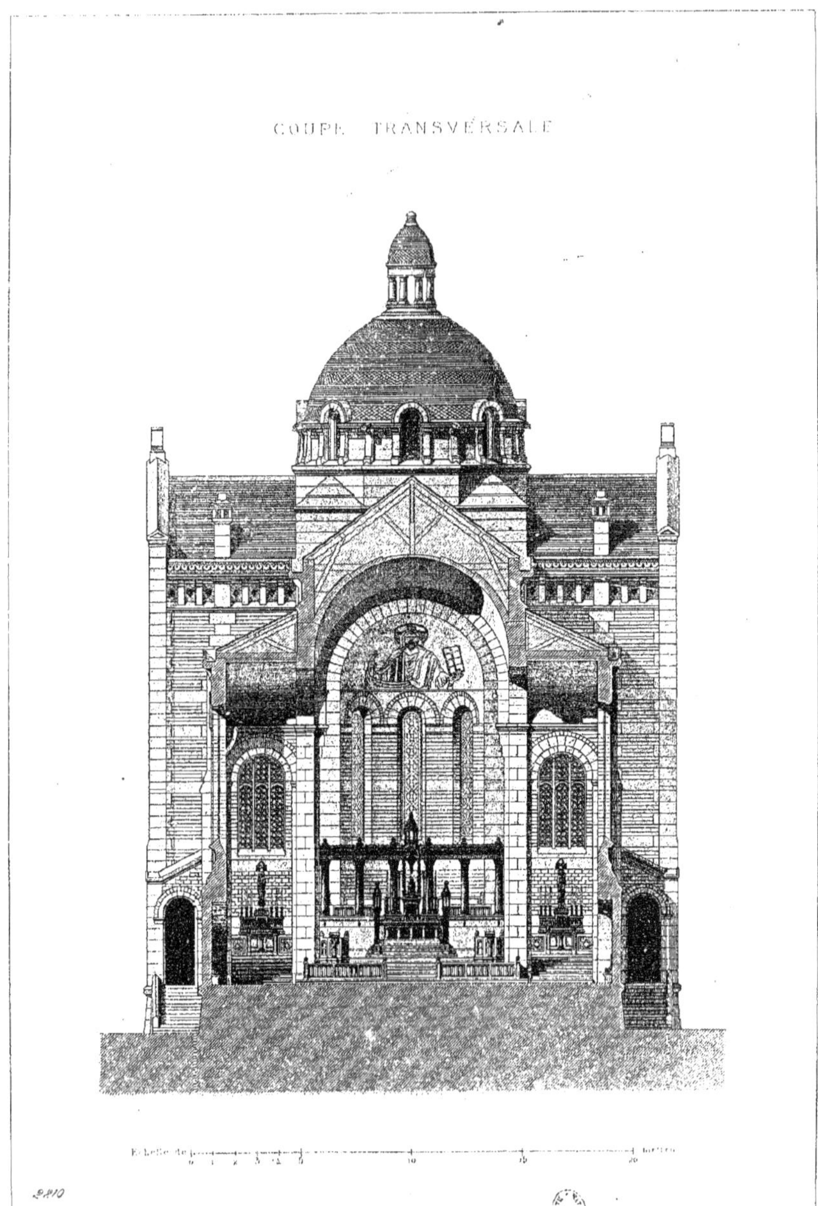

E. VAUDREMER, ARCHTE — Ch. Rauy sc.

EGLISE NOTRE-DAME D'AUTEUIL

V

Vve A. MOREL et Cie Editeurs — Imp. Lemercier et Cie Paris

PARIS

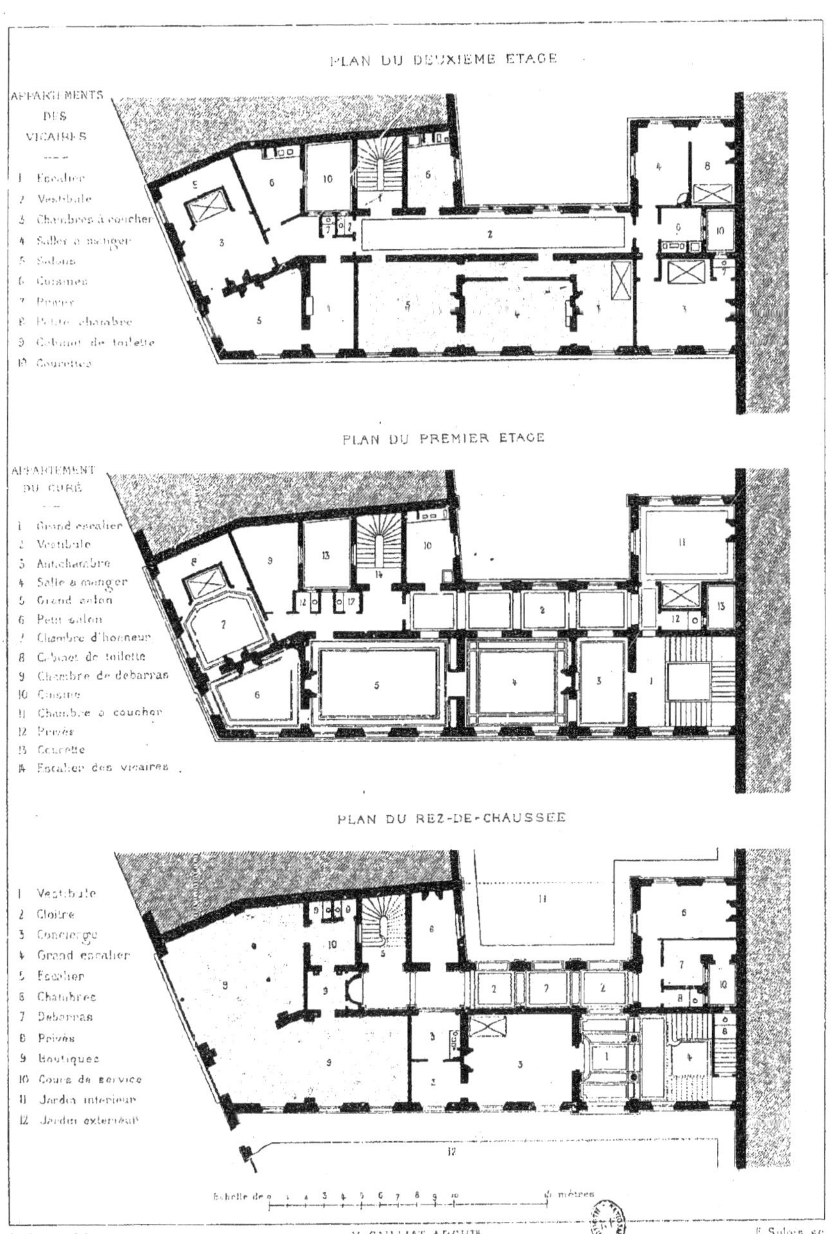

H. Mignan del. V. CAILLIAT ARCHte E. Sulpis sc.

PRESBYTERE DE L'EGLISE St NICOLAS-DU-CHARDONNET

I.

Vve A. MOREL et Cie Editeurs Imp. Lemercier et Cie Paris.

PARIS

ELEVATION

Echelle de 0 1 2 3 4 5 6 7 8 9 10 metres

H. Mignan del. V. CAILLIAT, ARCHte

PRESBYTERE DE L'EGLISE St NICOLAS DU CHARDONNET.

II.

A. MOREL et Cie Editeurs

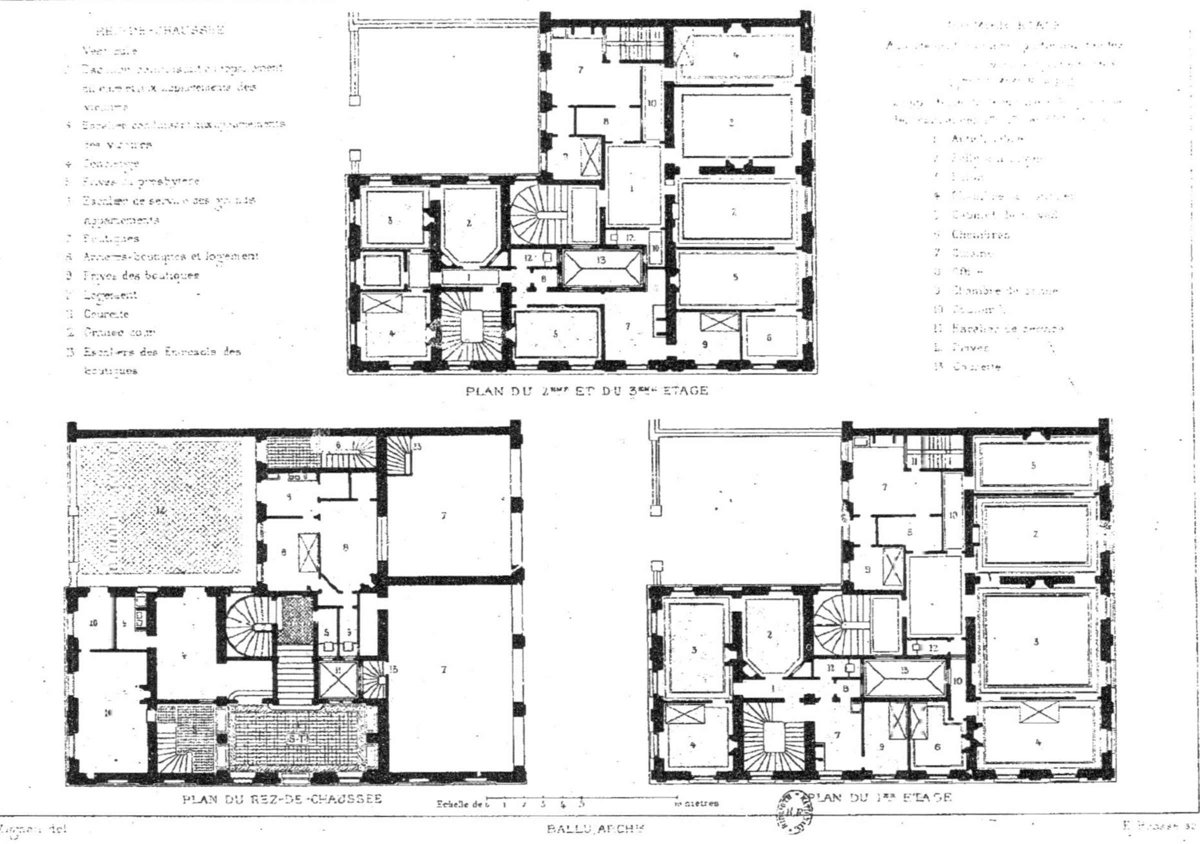

BALLU, ARCHte

PRESBYTERE DE L'EGLISE DE LA TRINITE

I.

H. Bignan del.

BALLU, ARCHte

Sulpis père sc.

PRESBYTERE DE L'EGLISE DE LA TRINITE

II

Vve A. MOREL et Cie Éditeurs

Imp. Lemercier et Cie Paris

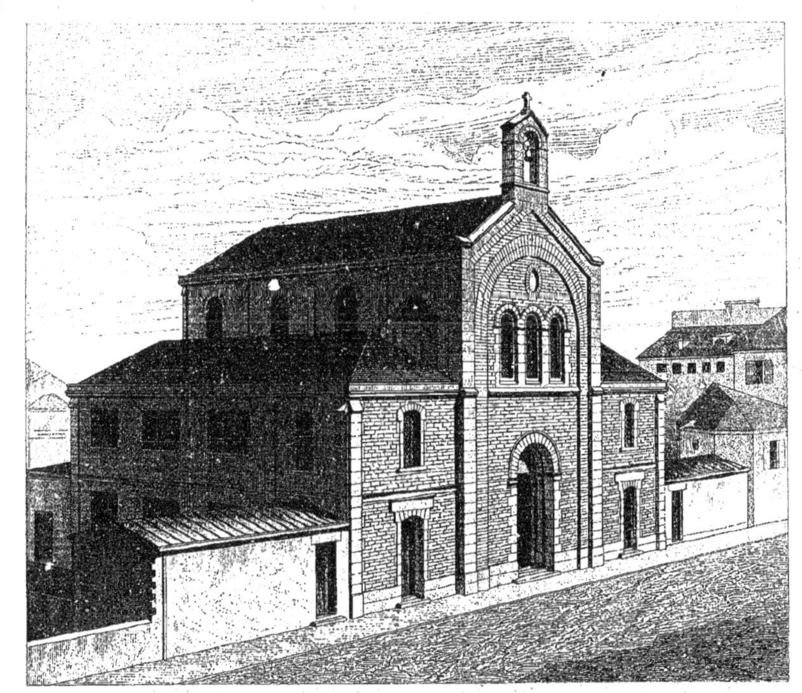

VUE PERSPECTIVE

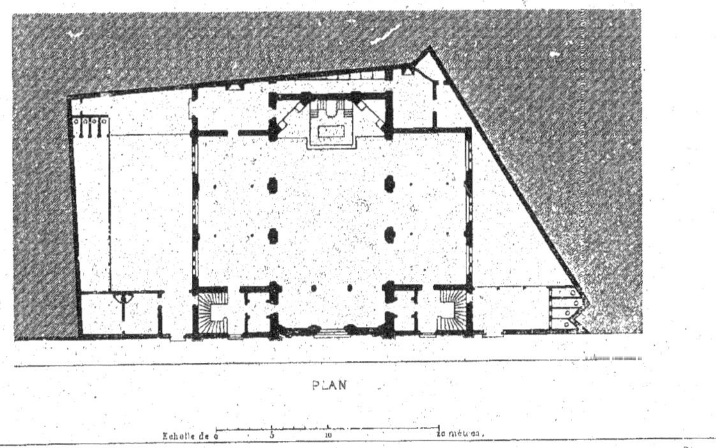

PLAN

Echelle de 0 5 10 20 mètres.

H. Mignan del. GODEBŒUF, ARCH^{TE} Digeon sc.

TEMPLE PROTESTANT (XVE ARR^{T})

Ve A. MOREL et Cie Editeurs Imp Lemercier et Cie Paris

LÉGENDE

1 Entrées secondaires
2 Porche
3 Concierge
4 Pasteur
5 Sacristie
6 Mariages
7 Escaliers
8 Privés

Échelle de 0 1 2 3 4 5 10 15 20 mètres

PLAN DU REZ-DE-CHAUSSÉE

VAUDREMER, ARCH^TE

TEMPLE PROTESTANT, RUE JULIEN-LACROIX

I

COUPE TRANSVERSALE

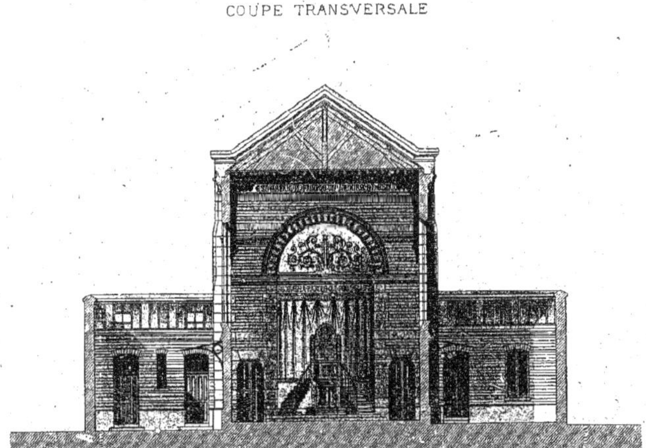

ELEVATION PRINCIPALE

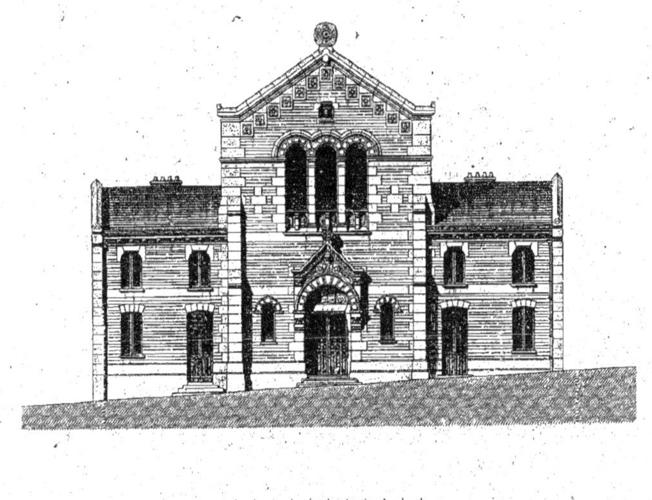

Echelle de 0 1 2 3 4 5 10 mètres

P. Faure del. VAUDREMER ARCH^TE Bury père sc.

TEMPLE PROTESTANT, RUE JULIEN-LACROIX

II.

Vᵉ A. MOREL et Cⁱᵉ Editeurs

Imp. Lemercier et Cⁱᵉ Paris 263

COUPE LONGITUDINALE

Echelle de 0 1 5 10 15 metres

2065

P. Faure del. VAUDREMER, ARCHte A. Chappuis sc.

TEMPLE PROTESTANT, RUE JULIEN-LACROIX

III

Vve A. MOREL et Cie Editeurs Imp. Lemercier et Cie Paris

PARIS

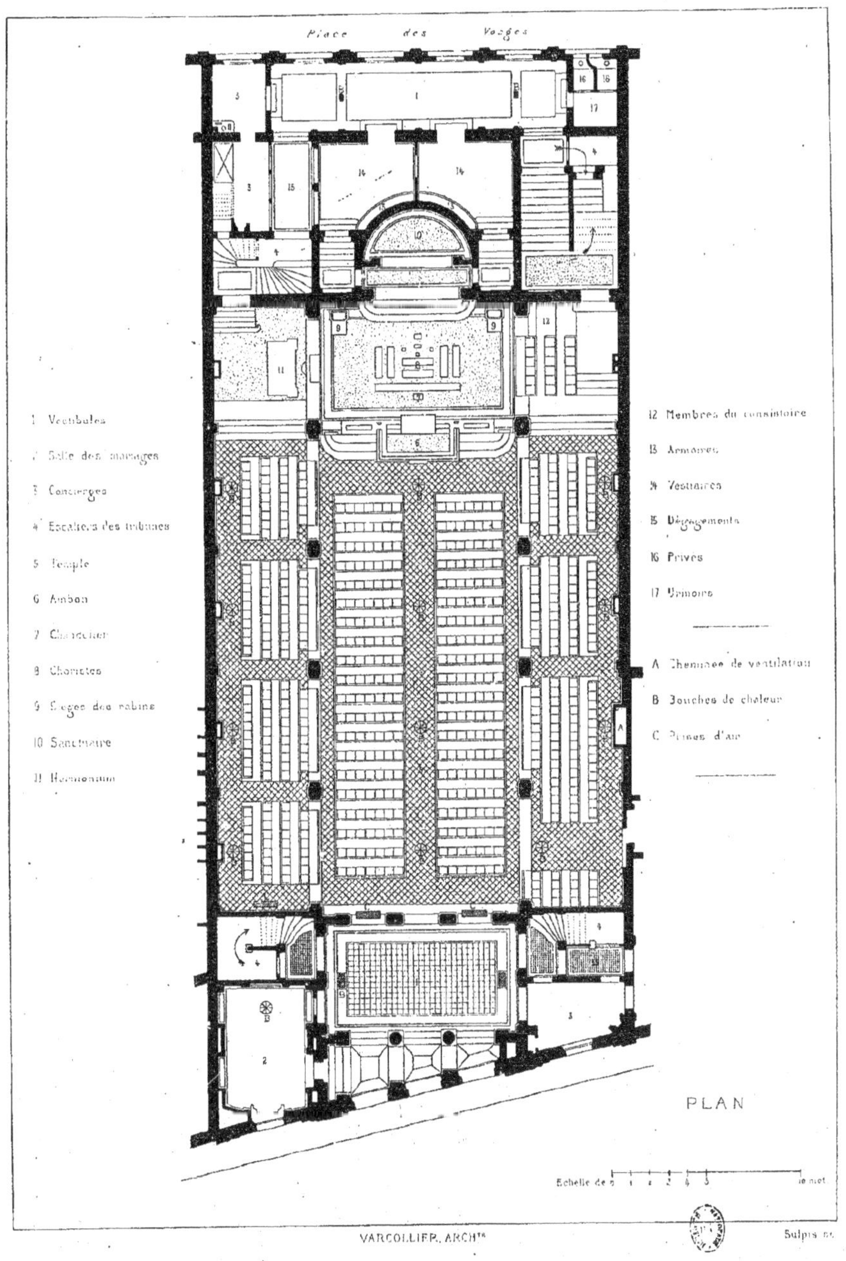

VARCOLLIER, ARCH^te — Sulpis sc.

SYNAGOGUE, RUE DES TOURNELLES

I.

Vve A. MOREL et Cie Éditeurs — Imp. Lemercier et Cie Paris

PARIS

ÉLÉVATION PRINCIPALE

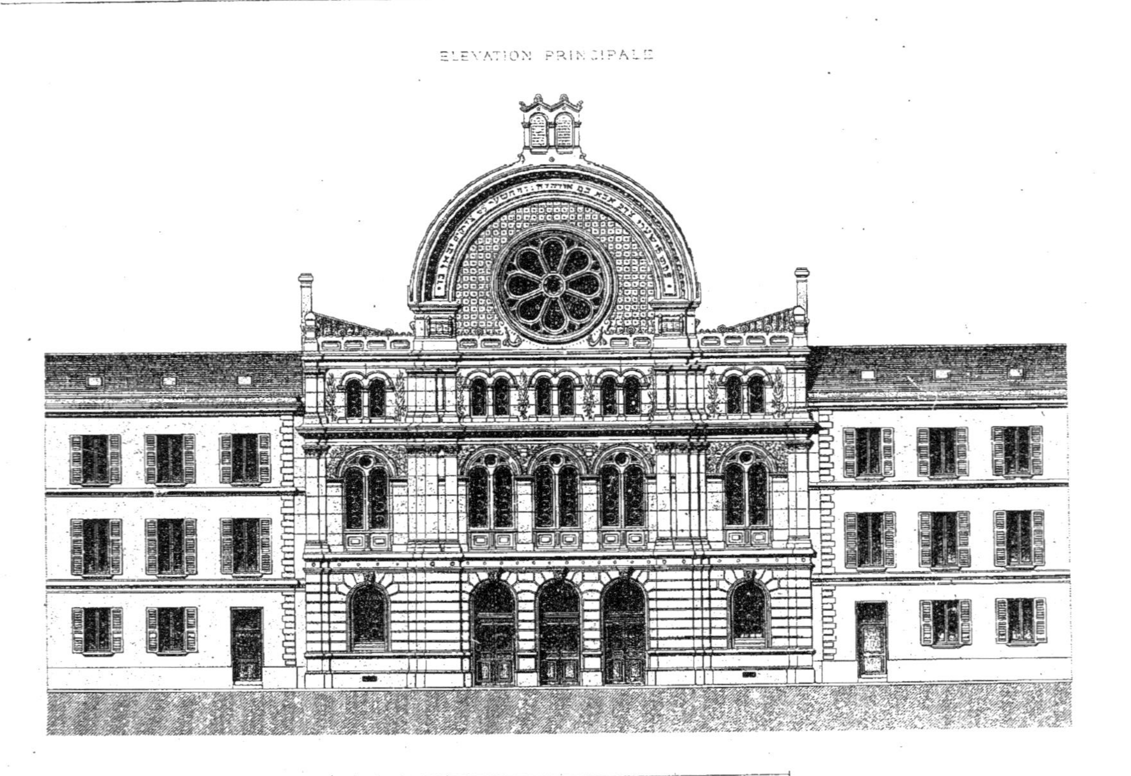

VARCOLLIER, ARCHTE

SYNAGOGUE, RUE DES TOURNELLES

II.

Vve A. MOREL et Cie Éditeurs

PARIS

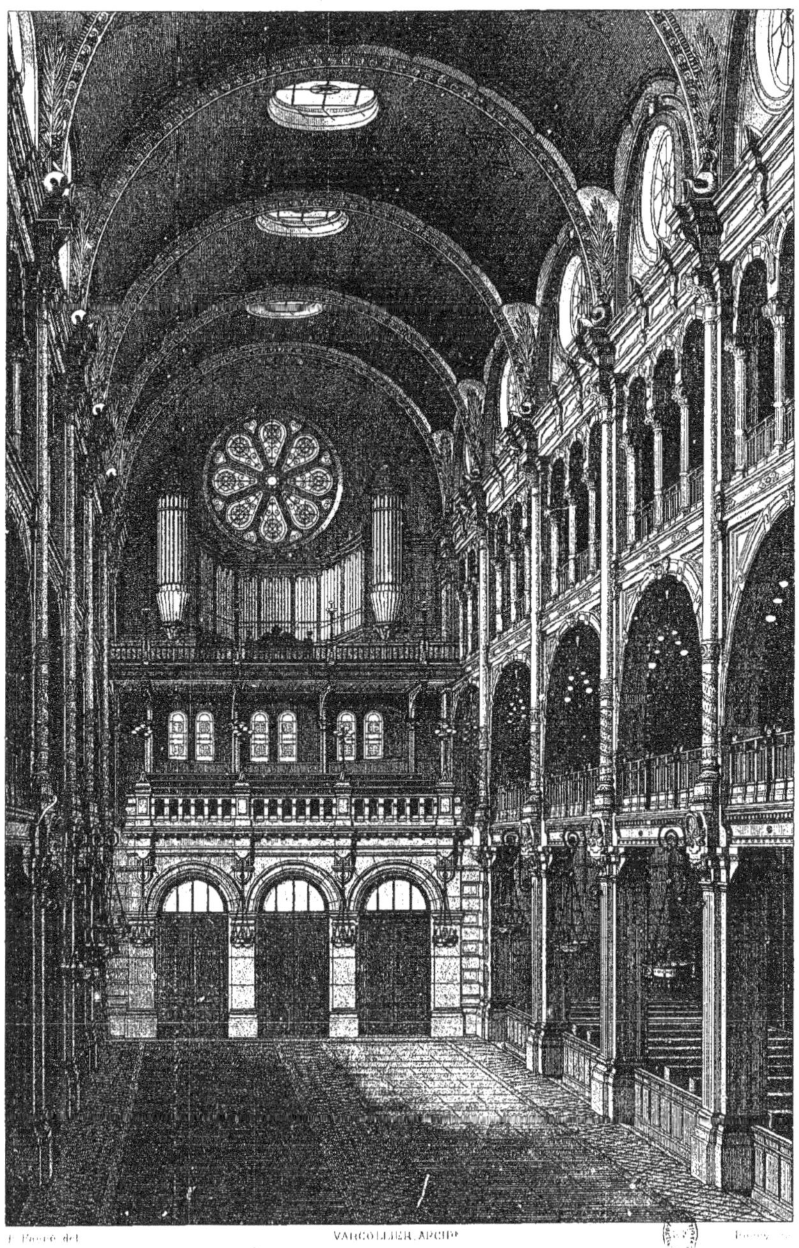

VARCOLLIER, ARCHte

SYNAGOGUE, RUE DES TOURNELLES.

VUE INTÉRIEURE

III.

PARIS

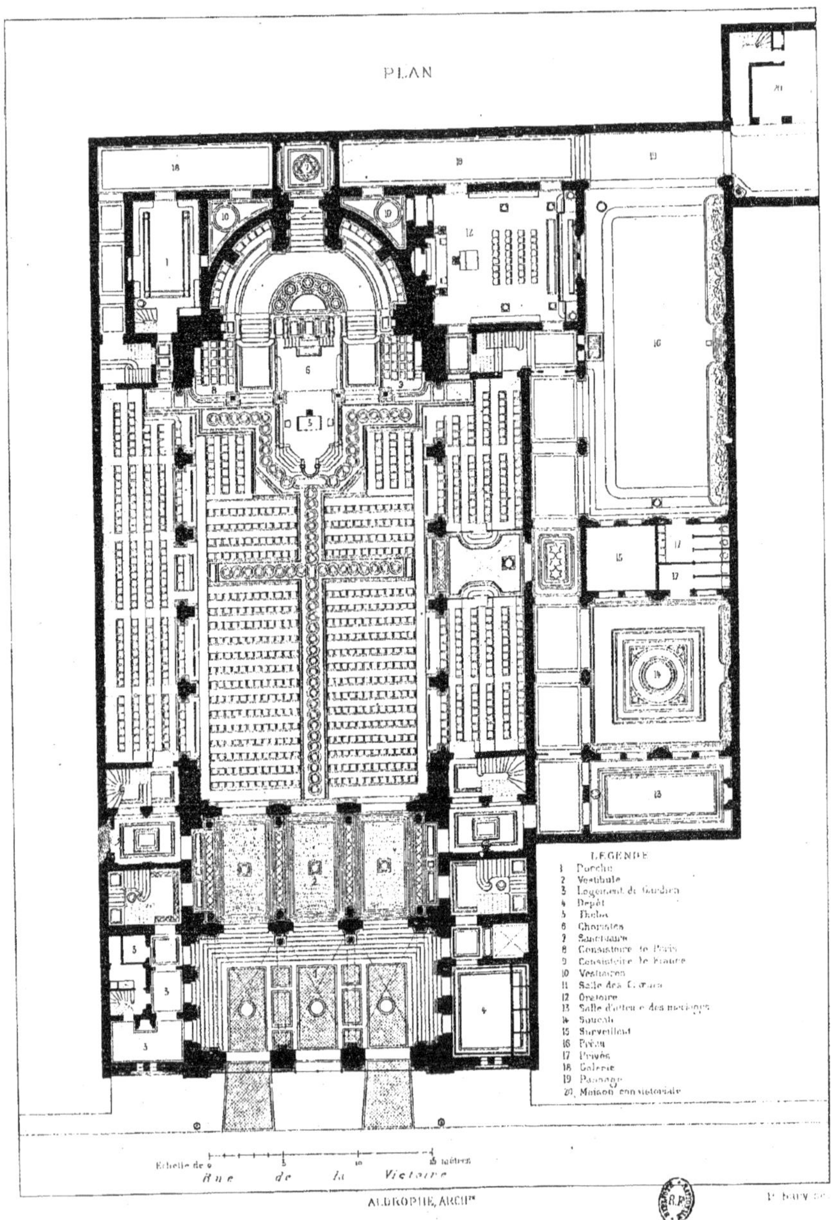

SYNAGOGUE RUE DE LA VICTOIRE

I.

Ve A. MOREL et Cie Editeurs
Imp. Lemercier Paris

PARIS

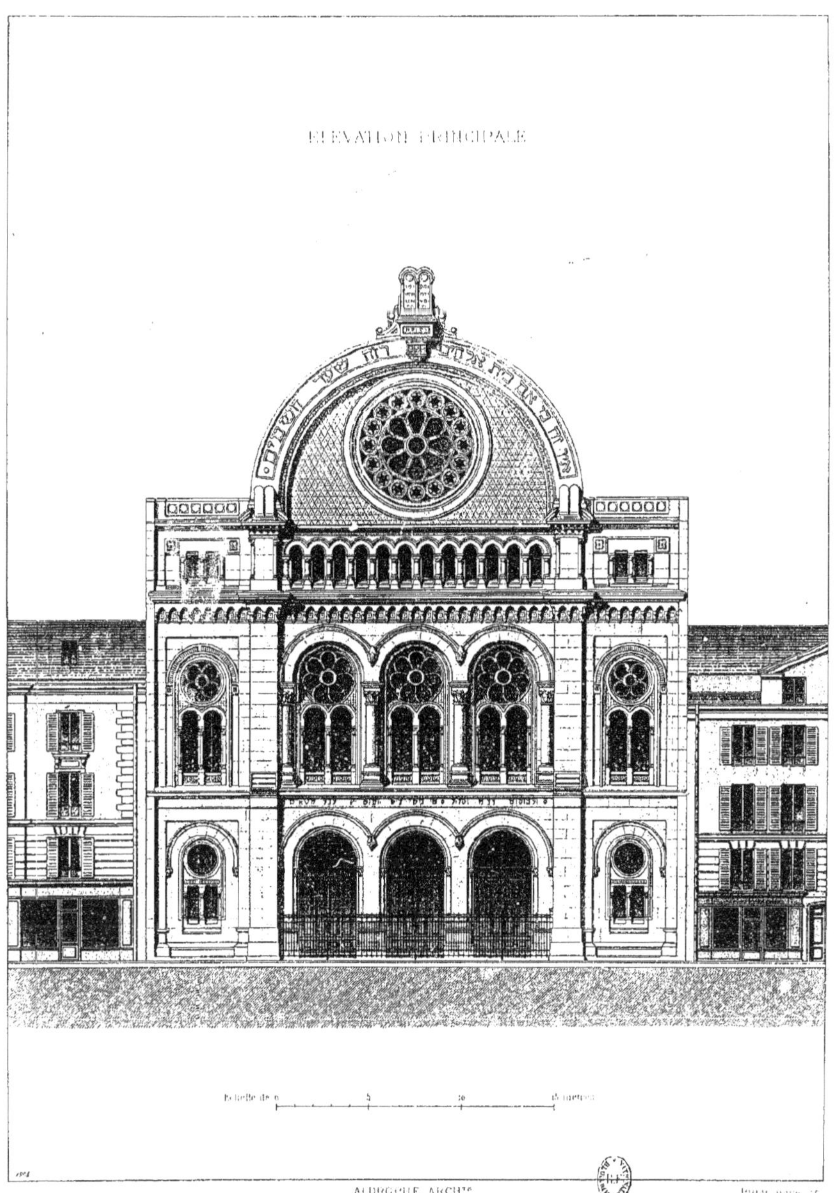

ALDROPHE, ARCHte

Bury père sc.

SYNAGOGUE RUE DE LA VICTOIRE

II

Vve A. Morel et Cie Editeurs

Imp. Lemercier et Cie Paris

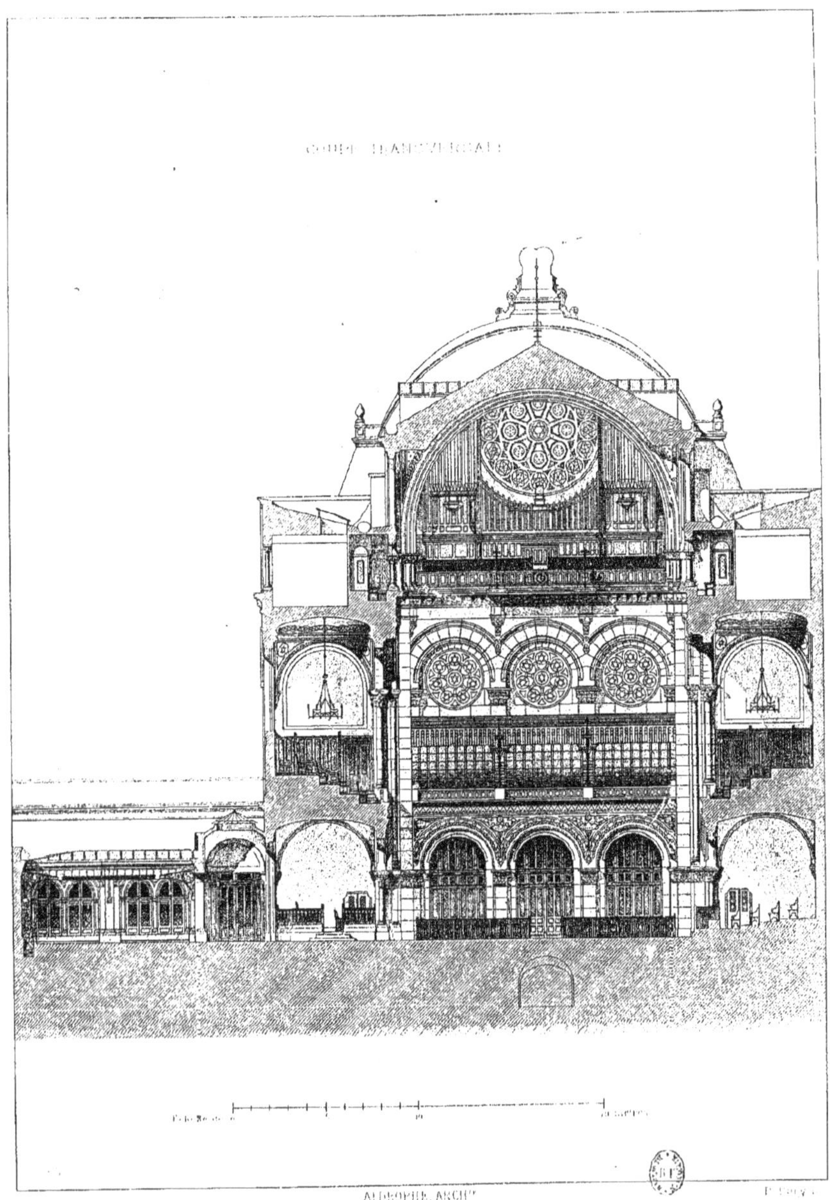

ALDROPHE, ARCHte

SYNAGOGUE RUE DE LA VICTOIRE

III

PARIS.

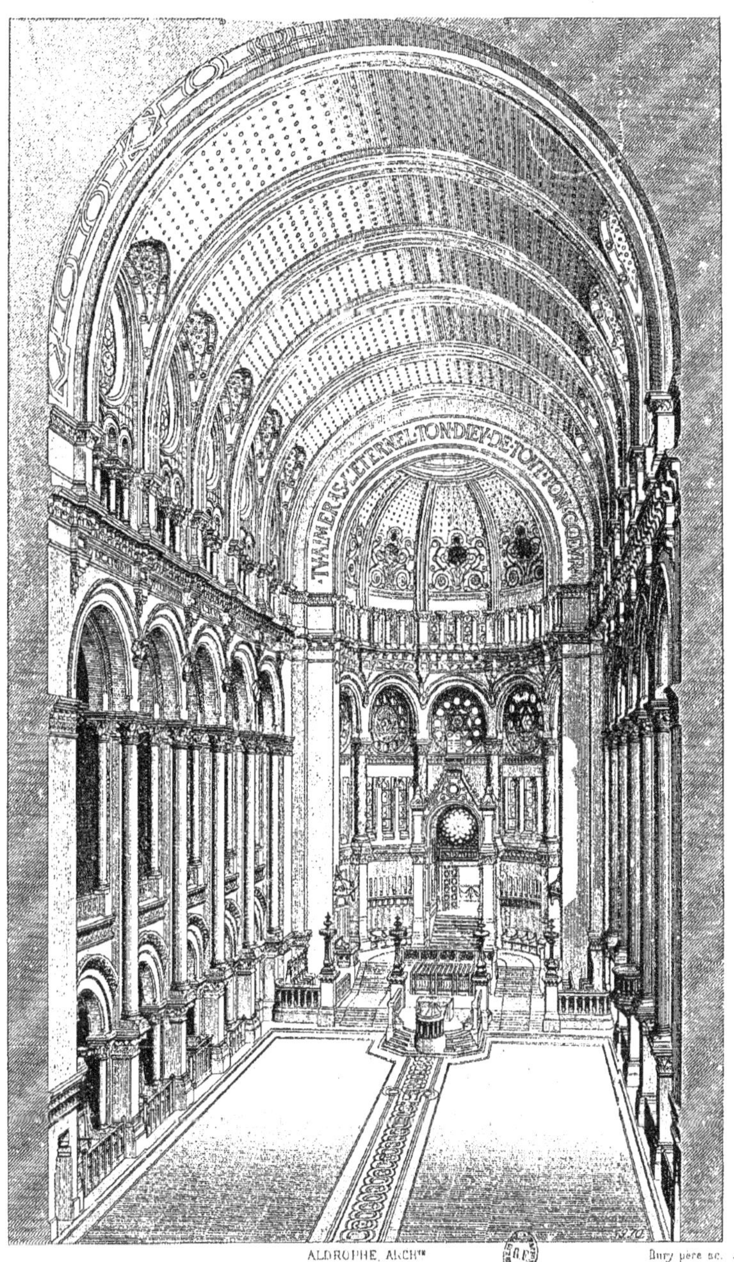

ALDROPHE, ARCH^te — Bury père sc.

SYNAGOGUE, RUE DE LA VICTOIRE

VUE INTERIEURE

111

Ve A. MOREL et Cie Editeurs — Imp. Lemercier et Cie Paris 241

www.ingramcontent.com/pod-product-compliance
Lightning Source LLC
LaVergne TN
LVHW010611110826
845149LV00003B/861

* 9 7 8 2 0 1 2 7 4 2 8 7 1 *